경제전쟁시대 이순신을 만나다

지용희 지음

design **house**

청전靑田 이상범 화백의 이 충무공 영정.
일제 치하인 1932년 6월, 아산 현충사 중건이 이루어졌을 때 봉안된 것으로
1973년 이 충무공 표준 영정이 현재 현충사 본전에 모셔져 있는 장우성 화백의 작품으로 지정됨에 따라
이후 충무시 당동 착량묘로 옮겨져 전시 중이다.
지금의 선비풍 영정과는 달리 무인의 풍모가 돋보이는 작품이다.

자신보다 남을 먼저 배려하시고,
저에게 훌륭한 가르침을 주신 부모님께 이 책을 드립니다.

지용희

머리말 무한 경쟁 시대, 이순신이 필요한 이유

이날 밤 바람은 몹시 싸늘하고 차가운 달빛은 낮과 같이 밝았다.

잠자리에 들었으나 잠을 이루지 못하고 밤새도록 뒤척거렸다. 온갖 근심
이 치밀었다.

얼마 되지 않는 병력과 물자로 막강한 일본 군대와 외롭게 싸울 수밖에
없었던 이순신의 처지를 말해주는 위와 같은 글을 《난중일기》에서 자주 볼 수
있다. 그러나 이순신은 악조건에도 좌절하지 않고 역사상 유례가 없는 23전 23
승을 이끌어냈다.

세계적인 외국 기업과의 무한 경쟁을 피할 수 없는 기업 경영자는 물론
시장 개방으로 어려움을 겪는 농민 등 경제적 어려움과 근심으로 밤을 지새우
는 국민이 많다. 그러나 좌절하지 말자. 이순신을 벤치마킹하면 경제 전쟁에서
승리할 수 있다. 총과 칼로 싸우는 무력 전쟁이든 경제 전쟁이든 전쟁의 본질은
같기 때문이다.

21세기에 왜 16세기의 이순신을 논하냐고 말하지 말자. 우리는 이순신
을 제대로 알고 있는가? 악조건하에서 이순신이 어떻게 전투마다 승리했는지
설명할 수 있는가? 이순신에게는 특별한 점이 있었다. 그는 시대를 초월한 리더
십과 걸출한 21세기형 CEO의 자질을 갖추고 있었다. 또 경제 전쟁 시대인 오늘
날에도 충분히 활용 가능한 전략이 있었다. 그런 이유로 이순신에게서 우리의
현안을 풀어갈 키워드를 발견할 수 있다. 이 책은 역사서가 아니다. 강조하고
싶은 것은 경영학자의 눈으로 본 이순신이다. 역사의 눈도, 문학의 눈도 아닌 경
영학의 눈으로 이순신을 다시 보고자 한다.

경제 전쟁 시대에 승리를 거두고 리더가 되기 위해서는 이루 말할 수 없
는 악조건에서 연전연승을 이끌어낸 이순신의 정신, 리더십과 전략을 제대로 알
아야 한다. 그러려면 우선 《난중일기》, 장계 등 이순신이 남긴 글, 이순신에 대

한 국내외 서적과 논문을 읽어야 하지만, 이순신을 제대로 알고 느끼기 위해서는 전적지도 답사해야 한다.

필자는 최근 '사단법인 이순신리더십연구회' 회원들과 함께 명량대첩 전적지를 다시금 답사했다. 필자는 이미 명량대첩 전적지를 여러 번 돌아보았지만, 이번 답사에서도 역시 많은 것을 배우고 느꼈다. 특히 울돌목에서 회오리바람처럼 소용돌이치며 흐르는 급류를 바라보면서 이순신의 용기, 희생정신, 솔선수범의 리더십, 뛰어난 전략과 전술을 또다시 배우고 음미할 수 있었다.

필자는 옥포대첩지인 거제도, 한산대첩지인 한산도 일대도 여러 번 찾아갔다. 한산도에 있는 수루에 올라가면 '한산섬 달 밝은 밤에 수루에 혼자 앉아'로 시작되는 이순신의 유명한 시가 저절로 떠오른다. 이와 더불어 부하들이 자고 있을 때도 수루를 홀로 지킨 이순신의 고독한 모습과 리더의 솔선수범을 되새기게 된다. 또 한산 앞바다에 가면 적에게 생소한 학익진을 펼쳐 완벽한 승리를 이끌어낸 이순신의 뛰어난 전략을 지금과 같은 경제 전쟁 시대에도 반드시 벤치마킹해야 한다는 생각이 새삼 떠오른다.

이순신이 대승을 거두고도 전사한 노량해전 전적지인 남해에 가면 이순신이 전사하면서 남긴 "싸움이 한창 급하니 삼가 나의 죽음을 알리지 마라"라는 말이 귓전에 맴돈다. 죽음을 앞둔 순간까지도 나라를 걱정한 이순신의 헌신적 모습에서 필자는 위대한 기업을 이끈 리더들은 모두 헌신적으로 일했다는 경영학 연구 결과를 되새기게 된다.

이 책에서 필자는 이순신 전적지에서 느낀 소감과 전투 상황을 설명하고, 이순신에게 배울 점을 경영학의 잣대로 분석해보았다. 2003년 초판을 발행한 이후 기업과 경영 환경이 많이 바뀌었으므로, 이 개정판에서는 특히 경영 교훈 부분을 크게 수정·보완하였다. 모쪼록 이 책이 화석이 된 성웅 이순신에게 온기를 불어넣어 400여 년 전의 그가 우리 곁으로 돌아와 힘든 경제 전쟁을 치르는 우리를 이끌어줄 수 있기를 바란다.

2015년 3월 지용희

1장

경제 전쟁 시대, 왜 이순신인가?

세계적인 외국 기업과의 무한 경쟁을 피할 수 없는 기업 경영자는 물론,
경제적 어려움과 근심 때문에 밤을 새우는 서민이 많다.
그러나 좌절하지 말자.
이순신 장군을 벤치마킹하면 경제 전쟁에서 승리할 수 있다.
경제 전쟁이든 무력 전쟁이든 전쟁의 본질은 같기 때문이다.

현충사에 전시 중인 '십경도' 중 왜군과 치른 치열한 전투 장면.
이순신은 솔선수범을 통한 리더십, 용기와 결단, 뛰어난 정보 수집 능력, 탁월한 전략과 전술,
거북선과 대포의 적절한 활용 등으로 전투마다 승리했다.

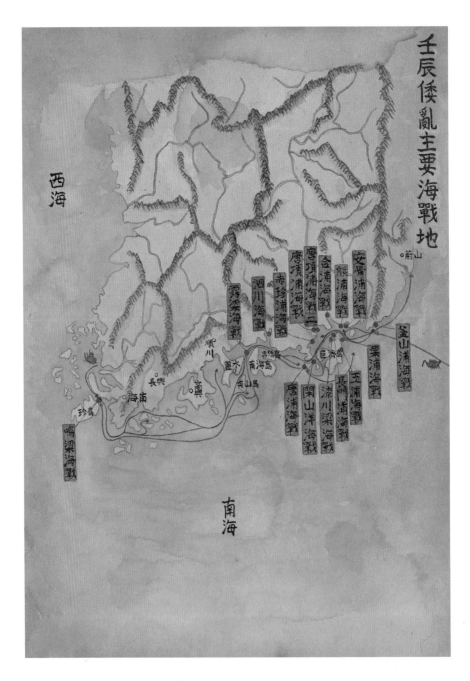

壬辰倭亂主要海戰地

西海

南海

鳴梁海戰

唐浦海戰
閑山洋海戰
漆川梁海戰
長門浦海戰
玉浦海戰
栗浦海戰
釜山浦海戰
安骨浦海戰
熊浦海戰
合浦海戰
唐項浦海戰二
唐項浦海戰一
赤珍浦海戰
泗川海戰
露梁海戰

珍島
海南
長興
康津
順川
麗水
南海島
倉信島
巨濟島
梁山島
鹿島

이순신 장군의 주요 해전 장소는 정유재란 때의 명량을 제외하면 대부분 부산과 경상도 앞바다였다.
왜군은 장군이 지키는 전라도 바다로는 넘어오지 못했기 때문이다.

이순신은 도요토미의 군대가 조선에 침입했을 때, 해전에서 이들을 멋지게 무찌른 조선의 명장이다. 이순신은 당시 조선의 문무 관리 중 거의 유일하게 청렴한 인물이었고, 군사 통제와 전술 능력, 충성심과 용기 면에서 실로 기적이라고 할 수 있을 만큼 이상적 군인이었다. 영국의 넬슨 이전에 바다의 명장이라 하면 이순신을 빼놓을 수 없고, 조선에서는 이 인물의 존재가 잊혔지만, 오히려 일본에서 그를 존경해 명치 시대에 해군이 창설되었을 때 그의 업적과 전술을 연구했다.

일본의 국민 작가로 일컬어지는 시바 료타로司馬遼太郎가 《언덕 위의 구름》이라는 저서에서 이순신 장군에 대해 서술한 대목이다.
이순신에게 참패한 일본 사람들은 악조건하에서도 23전 23승을 한 이순신의 업적과 전략을 깊이 연구했으며 그를 존경해 마지않았다. 더 나아가 러시아의 발틱 함대와 싸우기 위해 출항하기 전에 이순신의 영혼에 승리를 기원한 일본 함장도 있다. 다음은 이와 관련된 시바 료타로의 글이다.

진해만에서 부산진에 걸친 수역은 이순신이 그의 수군을 이끌고 일본 수군을 괴롭혔던 옛 전쟁터인데, 우연이지만 도고 헤이하치로東鄕平八郎 함대는 그 근처를 빌렸다. 그 시대의 일본인은 러시아 제국이 동아시아 병탄의 야망을 가지고 있다고 보았으며, 동진해오는 발틱 함대를 그 최대의 상징으로 여겼다. 그들을 한 척도 남기지 않고 처부수는 것이 동아시아 방어를 위함이라 확신하고, 이를 위해 옛날 동아시아가 낳은 유일한 바다의 명장인 이순신의 영혼에 빌었다는 것은 당연한 감정이라고 할 수 있을 것이다.

러·일 전쟁 때 러시아 해군을 무찌른 일본의 해군 사령관 도고 헤이하치로는 일본의 영웅이 되었다. 그는 영국의 전설적인 해군 제독인 넬슨Horatio Nelson에

통영에 있는 이순신 장군 동상. 우리에게 가장 낯익은 장군의 동상은 세종로에 있는 동상이지만
장군과 인연이 깊은 국토 곳곳에 여러 모습의 이순신 동상이 있다.

비유되기도 했다. 넬슨은 코르시카 섬 점령에 공을 세웠지만 오른쪽 눈을 잃고, 그다음 벌어진 세인트 빈센트 해전에서 수훈을 세웠지만 오른쪽 팔을 잃었다. 이러한 악조건하에서 그는 1805년 10월 21일 세해권을 다투는 트라팔가 해전에서 프랑스와 스페인 연합 함대를 격멸했으나 완승 직전에 전사했다. 그는 운명하기 직전, "이제 나의 임무를 다한 것을 신에게 감사한다"라는 말을 남긴 바 있다. 도고 제독은 자신을 넬슨에 버금가는 군신軍神이라고 치켜세우는 말을 듣고 "영국의 넬슨은 군신이라 할 정도의 인물이 못 된다. 해군 역사상 군신이라고 할 수 있는 제독이 있다면 이순신 한 사람뿐이다. 이순신과 비교하면 나는 하사관도 못 된다"라고 말하면서 이순신에 대한 존경심을 표현했다.

뿐만 아니었다. 경상남도 진해에 일제의 해군 사령부가 있었을 때 그들이 중요시했던 연중행사 중 하나는 남서방 약 40킬로미터의 통영 충렬사에서 지낸 이순신 진혼제였다. 일본 해군성은 예산서 중 한 항목으로 경비를 계상計上하고, 사령부의 장병은 당일 통영까지 가서 제를 거행했다. 이순신은 적과 아군을 뛰어넘어 진정한 '군신'으로 존경받았던 것이다.

이와 같이 이순신에게 참패당한 일본 사람들은 이순신을 연구해 청·일 전쟁과 러·일 전쟁 시 해전에서 승리했을 뿐만 아니라 훗날 우리나라를 병합했다. 그러나 우리는 이순신의 업적과 전략을 깊이 연구하고 본받지 못해 임진왜란이 끝난 후에도 정묘호란, 병자호란 등으로 크게 시달리다가 한일 병탄으로 결국 나라까지 빼앗겼다.

이순신을 벤치마킹해야

이순신에 대한 우리의 연구가 부진하다고는 할 수 없다. 이미 많은 학자들이 거북선의 구조와 기능, 이순신의 전략과 전술 등을 연구했다. 또 이순신에 대한 전기를 저술해 그의 정신을 이어받고자 노력해온 것도 사실이다. 그런 가운데 과거 군사정권이 자신의 필요성 때문에 이용한 면도 없지 않아 이순신 연구가 오히려 바람직한 방향성을 잃어버리기도 했다.

그러나 역사가 과거를 통해 현재를 조명하고 미래를 투시하는 거울이라고 말한다면, 그 지울 수 없는 역사 속에서 여전히 빛나고 있는 이순신을 통해 우리는 현재를 짚어보고 미래를 준비해야 한다.

해군 등 군대에서는 물론 정부와 기업, 학계 등 각계각층에서 이순신을 새롭게 연구할 필요가 있다. 필자는 경영학을 전공하고 경영 전략을 연구하는 사람이지만 이순신에 대한 책을 읽을 때마다 많은 것을 배운다.

우리가 국제 경쟁력을 근본적으로 강화하기 위해서는 이순신이 보여준 청렴성을 본받아야 한다. 스위스 국제경영개발원IMD이 매년 발표하는 국가 경쟁력 순위를 살펴보면 부정부패가 적은 나라일수록 국가 경쟁력이 높은 것을 알 수 있다. 부패 감시를 위한 국제 민간단체인 국제투명성기구가 3년 연속으로 가장 부정부패가 적은 나라로 선정한 핀란드는 IMD가 평가한 국가 경쟁력 순위에서도 1등을 차지했다. 이와 마찬가지로 기업도 경영 투명성을 높이고 윤리 경영, 정도 경영을 추진하는 기업일수록 국제 경쟁력이 높은 것으로 나타났다.

이 밖에도 이순신이 보여준 유비무환의 자세와 위기관리 능력, 솔선수범과 인간애에 바탕을 둔 리더십, 용기와 결단, *거북선을 개발한 창의성, 《난중일기》를 남긴 철저한 기록 정신, 뛰어난 정보 수집과 활용 능력, 연전연승을 이끌어낸 탁월한 전략과 전술 등은 오늘날 경제 전쟁에서 이기기 위해 꼭 필요한 것들이다. 이것들은 실제로 위대한 기업가와 기업에서 공통적으로 찾아볼 수 있는 특징이다. 따라서 이순신의 정신, 리더십, 전략을 배우고 본받는다면 우리는 아무리 험난한 경제 전쟁에서도 반드시 승리할 수 있을 것이다.

이순신의 상생 경영

전쟁에서 패한 나라는 굶주림으로 고생하는 사람과 몸을 파는 여자가 많아지고 범죄가 늘어난다. 이러한 현상은 경제 전쟁에서 패배한 빈곤 국가들에서 그대로 나타나고 있다. 이러한 이유 때문에 무력 전쟁에서는 물론 경제 전쟁에서도 절대로 패배해서는 안 된다.

경제 전쟁에서 지면 이를 역전시키기가 매우 어렵다. 무기로 싸우는 혈전에서 패한 나라들은 패배의 수치와 고통을 국민 모두가 뼈저리게 느끼고, 일치단결

전라남도 해남의 명량대첩 기념관 앞 조각품들. 명량대첩은 전황을 뒤집어 기적과 같은 승리를 거둔 해전이다.
결코 이길 수 없는 싸움에서 이긴 명량해전은 이순신의 면모를 가장 잘 보여주는 전투이기도 하다.

*거북선을 개발한 창의성

형태, 규모 등에 대한 언급은 없지만 거북선이라는 단어가 1413년 《조선왕조실록》에 처음 등장한
다. 이후 179년 후인 1592년 《난중일기》에 이순신이 거북선을 개발하고 화포 시험 발사에 성공했다
는 기록이 나온다. 이순신이 주도하고 고안한 거북선은 설계와 형태, 규모, 성능 면에서 이전의 거북
선과는 크게 다른 것으로 보인다. 아이폰, 아이패드 등 수많은 신제품을 개발한 스티브 잡스는 창의
성에 대해 '서로 다른 사물을 조합하는 능력'이라고 정의했다. 실제로 그는 자신의 경험과 지식은 물
론 다양한 분야 사람들의 경험과 지식을 조합해 획기적인 신제품을 개발했다. 이순신은 조선 기술자,
화포 전문가 등 다양한 사람들의 경험과 지식을 활용하고 어려운 가운데서도 거북선 건조에 필요한
각종 자재를 우선적으로 조달해, 많은 화포를 장착하고 발사할 수 있는 거북선을 개발한 것이다. 거
북선은 그 당시 적들이 두려워한 획기적인 전함이었다.

해 국가 발전에 많은 노력을 기울일 가능성이 크다. 이는 제2차 세계대전에서 패망한 일본과 독일이 짧은 기간에 미국, 영국, 프랑스 등 승전국들을 압도할 정도의 경제 발전을 이룩해 세계적인 강국으로 다시 부상했다는 사실에서도 알 수 있다. 이에 반해 경제 전쟁은 서서히 진행된다는 특성을 가지고 있기 때문에 국민들이 패하고 있다는 사실조차 실감하지 못하고 자각이나 분개심도 적어져 이를 역전시키기가 더 어렵다. 마치 급성병보다 만성병이 치료하기에 더 어려운 이치와 같다.

안타깝게도 우리는 경제 전쟁에서 어려움을 겪어 국가 부도 위기에 처한 적이 있다. 국제 경쟁력이 취약해 만성적인 무역 적자와 막대한 외채에 허덕이다 급기야 IMF의 구제금융을 받았다. 지금은 IMF 구제금융을 갚았다고는 하지만, 다시 경제 위기감이 고조되고 있다.

앞으로 경제 전쟁은 더욱 치열해질 것이다. 교통과 통신수단의 발달로 지구가 하나의 촌락같이 느껴질 만큼 좁아져 지구촌地球村이라는 말까지 생겨났다. 이러한 시류를 반영하듯 경제에 관한 한 국경이라는 테두리 역시 점점 희미해지고 있다. 이제 세계는 하나의 촌락으로 탈바꿈해 국가 간에 존재하던 각종 규제와 장벽이 제거되고 있으며, 차별 없는 경쟁이 허용되는 무한 경쟁 시대로 진입했다.

이러한 추세에 따라 우리는 세계적인 기업들과의 본격적인 경제 전쟁을 외국에서는 물론 국내에서도 치러야 하는 시점에 와 있다. 과연 우리는 얼마나 냉철한 문제의식을 가지고 이에 대비하고 있는가? 우리는 이러한 물음에 냉정하게 자신을 되돌아보고 자세와 전략을 가다듬어야 한다. 이러한 면에서 많은 역경을 극복하고 백전백승을 한 이순신의 정신과 리더십, 전략은 우리 모두에게 귀감이 될 것이다.

이순신의 상생 경영

이순신은 전투 시 군량, 군복 등 군수물자가 부족해 큰 어려움을 겪었다. 다음은 《난중일기》의 한 구절이다.

맑으나 큰 바람이 불었다. 살을 에듯 추워 여러 배에 옷 없는 사람들이 목을 움츠리고 추워 떠는 소리를 차마 듣기 어려웠다. 군량도 도착하지 않아 이 역시 답답했다.

이순신은 전시였던 만큼 강압적인 방법으로 백성들에게 군수물자를 모을 수도 있었다. 그러나 그는 군대와 백성 모두에게 도움이 될 수 있는 둔전 개발을 통한 곡식 재배 등 생산 활동이나 상거래를 통해 군수물자를 조달했다. 다음은 《이충무공행록》에 나오는 글이다.

공(이순신)이 진중에 있으면서 항상 군량 때문에 걱정해 백성들을 모아 둔전을 짓게 하고, 사람을 시켜 고기를 잡았으며, 소금 굽고 질그릇 만드는 일에 이르기까지 안 하는 일이 없었고, 또 그것들을 모두 배로 실어내 판매해 몇 달이 채 안 되어 곡식 수만 석을 쌓게 되었다.

이순신은 해변이나 섬에 있던 버려진 땅에 피란민들을 정착시켜 농사를 짓도록 도와주고 생산된 농산물을 농민과 군대가 나누어 갖게 했다. 그 당시 이순신이 관리하던 둔전이 가장 생산성이 높았다는 기록이 있을 정도로 그는 둔전을 잘 관리했다. 그가 둔전 관리에 들인 세심한 노력은 《난중일기》에도 나와 있다.

일찍이 아침밥을 먹고 나가서 둔전에서 받아들인 벼를 다시 되로 재어 새로 지은 창고에 쌓은 것이 167섬으로, 줄어든 것이 48섬이다.

이순신은 바다에서 물고기를 잡아 군량으로 사용하고 남은 것을 판매해 곡식을 사 오기도 했다. 또 그 당시 부족한 소금, 그릇 등도 만들고 판매해 군량 등 군수물자를 확보했다. 한산도에는 염개라는 곳이 있는데, 이곳에서 이순신은 소금을 만들게 했다. 이순신이 있던 수군 본부는 군수물자를 조달하기 위한 생산·유통·관리 기지의 역할도 했다. 이순신은 탁월한 경영 능력을 발휘해 스스로 군수물자를 조달함으로써 7년간의 장기전인 임진왜란에서 전승할 수 있는 경제적 기반을 마련했다.

이순신이 백성들을 잘 돌봐주었으므로 많은 사람들이 이순신이 있는 곳으로 모여들었다. 다음은 좌의정 한음 이덕형이 임금인 선조에게 보낸 보고서의 일부분이다.

신이 남해안 해변가 주민들을 만나 그들의 말을 들어보니, 모두가 이순신을 칭찬하고, 한없이 아끼고 존경했습니다. 또 들리는 말에 이순신이 금년 4월 고금도로 진영을 옮겼는데, 모든 조치를 매우 잘했으므로 겨우 3~4개월이 지나자 민가와 군량의 수효가 지난날 한산도에 있을 때보다 많았다고 합니다.

이순신은 모여드는 피란민 등 백성들에게 삶의 터전을 마련해주었으며, 이들로부터 군수물자뿐 아니라 병력도 충원할 수 있었다. 이순신은 백성을 아끼고 도와줌으로써 마음 깊은 곳에서 우러나오는 백성의 동참과 상생의 협력 관계를 일구어낼 수 있었다.
마쓰시다 전기 제작소를 창업한 마쓰시다 고노스케는 일본에서 '경영의 신'으로 일컬어진다. 다음은 〈'너'가 없으면 '나'도 없다. 공존공영하지 않으면 공멸한다〉라는 그의 글이다.

기업을 발전시키고 싶다면 경영자는 어떻게든 모든 관계 대상들과 함께 살아가는 방법을 강구해야 한다. 상품 판매를 담당하는 거래처를 상대할 때도, 상품의 최종 소비자를 상대할 때도 마찬가지다. 자기 회사 상품을 팔아주는 판매처 역시 적정 이익을 얻을 수 있도록 해주어야 하고, 소비자에게도 자사 제품이 적정 가격으로 공급될 수 있도록 상품 정책과 판매 정책을 연구해야 한다. 이처럼 재료 생산자, 상품 제조사, 판매자, 소비자 모두가 적정 이익을 얻을 때 공존공영은 자연히 구현된다.
-마쓰시다 고노스케 지음/양원곤 옮김, 《경영의 마음가짐》, 청림출판, 2007년, 152~153쪽

지금은 생산자, 원료 공급자, 판매자 등 관련 기업들과의 협력이 경쟁력을 좌우하는 '네트워크 경쟁력' 시대다. 토요타 자동차는 부품을 생산하는 수많은 업체들과 협력해 GM보다 앞선 경쟁력을 갖추었다. 요즘 우리나라에서는 대기업이 교섭력 약한 부품 업체 등에 우월적 지위를 남용해 갑의 횡포를 부려 사회문제가 되고 있다. 이러한 갑의 횡포는 공정거래법을 위반해 처벌받게 됨은 물론 장기적으로 자신의 경쟁력도 떨어뜨린다. 이런 일을 막기 위해서는 전쟁 중에 군과 민간의 진정한 상생 경영을 실천한 이순신을 벤치마킹해야 할 것이다.

2장

학은 날개를 펴고

이순신은 해전에서 '학익진'이라는 새로운 진법을 실현하기 위해
철저히 준비하고 군사들을 훈련시켰다.
한산내첩의 승리는 그렇듯 기본에 충실했기 때문에 가능했던 것이다.
경제 전쟁에서도 승리하기 위해서는 경영의 기본 원리에 충실해야 한다.

한산도는 약 4년 동안 장군이 통제영의 전진기지를 설치하고 적을 막은 곳이다.
거제와 통영 사이의 견내량을 통해 들어오는 적과 거제도 바깥 바다에서 들어오는 적을
모두 막을 수 있는 요충지가 바로 한산도였던 것이다.

위: 한산도 입구에 있는 거북 등대. 암초 위에 시멘트로 만든 거북 등대는 한산도의 상징물 중 하나다.
아래: 우리나라의 대표적 미항인 통영항 전경.

한산 바다에서 길을 잃다

임진왜란을 일으킨 일본은 승승장구했다. 조선의 왕 선조는 국경까지 도망갔다. 왜군은 거침없이 밀어붙였다. 그러나 육지에서만 그러했다.

바다에서는 사정이 달랐다. 이순신이 이끄는 조선 수군은 일본 수군에 연전연승을 거뒀다. 뜻밖의 상황에 당황한 도요토미 히데요시豊臣秀吉는 특별 명령을 내린다. 이순신을 없애라. 이렇게 해서 일본의 최정예 부대가 한산도해전에 투입되었다.

그러나 결과는 이순신 장군의 대승. 이 전투 이후 도요토미는 또 다른 명령을 내리기에 이른다. 이순신이 지휘하는 조선 수군과는 전투를 하지 말라는 것이었다. 한산대첩 이후 이순신은 제해권을 확보해 일본의 수륙병진책을 좌절시켰다. 이렇게 한산도는 우리 역사와 장군에게 특별한 곳이다. 장군은 한산도에서 1340일(3년 8개월) 동안 조선의 바다를 지켜냈다. 이순신은《난중일기》1491일분 중 1029일분의 일기를 한산도에서 썼다. 그리고 억울한 누명을 쓰고 조선 조정의 명령으로 체포된 후 돌아오지 못한 곳도 바로 한산도였다. 수루와 활터, 제승당 등 장군과 관련된 수많은 유적이 있어 '이순신 장군' 하면 가장 먼저 떠오르는 곳이 한산도. 그래서 나는 장군의 자취를 더듬는 첫걸음을 한산도에서 시작하려 한다.

역사와 정신의 바다, 한산 앞바다

굽이굽이 길을 돌고 언덕을 넘어 도착한 먼 남쪽의 아름다운 항구 통영. 섬사람들과 섞여 배에 오른다. 항해 시간 30분 남짓, 한산도로 가는 뱃길. 어느 순간 조류가 정지한 바다는 거울보다 더 매끄럽다. 한산 앞바다에는 격랑의 바다 이미지도, 망망대해의 이미지도 없다. 오로지 사람과 함께하는 작고 아담한 바다가 있을 뿐이다.

그리고 또 한 가지, 모든 것을 놓아버려도 괜찮을 아름다움이 한산 앞바다에는 있다. 오죽하면 이 바다가 있어 한려수도란 말이 생겼을까. 나는 올 때마다

이 아름다움에 취해 길을 잃는다. 한산 앞바다에서 길을 잃는 것이다.

뱃전에서 사방을 둘러본다. 여객선이 내뱉는 물살 뒤로 통영항이 멀어지면서 오른쪽으로는 미륵산이 흐른다. 미륵산은 먼바다를 향해 묵묵히 앉아 있다. 그 발치에는 대형 조선소도 있고 이름난 콘도나 호텔이 즐비하건만 미륵산은 묵묵히 바다만 바라보고 있다. 미륵산을 감아 도는 물길은 큰 바다로 이어지는 바닷길이다. 연화도, 욕지도 등 점점이 뿌려진 섬을 지나 괭이갈매기의 고향 홍도와 등대섬 소매물도를 지나면 바다는 곧장 태평양으로 이어진다.

그러나 한산도는 통영에서 빤히 건너다보이는 지척의 섬. 왼쪽으로 거제도와 육지 사이의 견내량이 보이는가 싶더니 배는 어느새 한산도 깊숙이 스며든다. 거북선 모양의 등대와 산 위에 자리한 뾰족한 한산대첩기념비에 시선을 오래 매달아둔다. 그래야 아름다움에 취해 이 섬에 깃든 역사와 정신을 잃지 않을 것 같기 때문이다.

섬사람들은 배에서 내려 대부분 왼쪽으로 길을 잡는다. 왼쪽 길은 한산면소재지와 마을로 가는 길이고, 그곳은 사람들이 생활하는 공간이다. 장군을 만나기 위해서는 오른쪽으로 길을 잡아야 한다. 밑이 훤히 들여다보이는 맑은 물가를 따라 완만하게 돌아가는 곡선이 부드러운 길은 역사의 공간으로 이어지는 길이다. 바로 제승당 가는 길이다.

제승당 수루에 오르다

조선의 모든 수군을 지휘하는 삼도수군통제사 이순신은 한산도에 통제영의 전진기지를 설치하고 지금의 제승당 자리에 운주당이라는 건물을 세웠다. 한산도 높다란 언덕 위에 자리한 운주당은 일종의 작전 상황실 같은 곳이었다. 운주運籌란 '모든 계획을 세운다'는 뜻이다. 장군은 이곳에서 휘하 장수들을 만나 상황을 보고받고 전략과 전술을 수립했다. 이후 전쟁이 끝난 지 100년이 지나 다시 집을 짓고 제승당이라 이름 지었다.

제승당에 오르기 직전, 자칫하면 그냥 지나칠 만한 곳에 우물이 하나 있다. 그 옛날 이순신과 조선 수군들이 물을 마신 우물이다. 오른쪽으로는 바닷물이 출

위: 제승당 전경. 원래 이름은 운주당으로 임진왜란 당시 장군의 작전 회의실로 쓰이던 곳이다.
아래: 수루에서 바라본 한산 앞바다의 모습.
장군이 작전을 구상하고 나라를 걱정하면서 수없이 내려다봤을 바로 그 바다.

렁대는데, 고작 10여 미터 안쪽에는 맑은 식수가 끊이지 않고 솟아나니 장군이 이곳에 자리 잡은 하나의 연유다.

제승당은 장군에 대한 기억으로 가득하다. 내부에는 장군의 전투 모습을 담은 해전도와 명나라 황제가 장군께 내린 하사품 여덟 개가 잘 정리되어 있다. 평일 오전의 호젓함이 장군을 더욱 가까이에서 만나게 해준다. 깔깔거리던 젊은 연인도 제승당 경내에 들어서면서 소곤거리며 자세를 낮춘다.

제승당 뒤편 쪽문을 나서면 활터가 있다. 사대에서 과녁 사이에는 특이하게도 바다가 가로놓여 있다. 국내 유일의 바다 활터인 이곳에도 장군의 깊은 배려가 담겨 있다. 배에서 배로 화살을 쏘아야 하는 수군에게는 바다에서의 거리 감각이 중요하다. 그 감각을 길러주기 위해 장군은 일부러 바다 위에 활터를 마련했다. 사대에 가만히 서면 한껏 젖혀진 장군의 활시위가 팽팽하게 우는 소리가 들리는 듯하다. 활터를 빠져나오면 장군을 모신 사당이 있다. 마음을 모아 향불 하나 바치고 돌아서면 수루가 발길을 이끈다.

> 한산섬 달 밝은 밤에 수루에 혼자 앉아
> 큰 칼 옆에 차고 깊은 시름 할 적에
> 어디서 들려오는 일성호가는 남의 애를 끊나니.

> 閑山島明月夜上戍樓
> 撫大刀深愁時
> 何處一聲羌笛更添愁

장군의 수심을 더하게 했던 수루에 오르면 건너편 통영, 멀리 거제도와 그 앞의 선내량, 그리고 한산 앞바다가 한눈에 들어온다.

적과의 팽팽한 대치, 언제 끝날지 모를 전쟁, 언제 치를지 모를 전투 속에서 병사들은 지쳐가고 백성들의 삶은 갈수록 피폐해지는데 저 바다에는 왜적이 들끓고 있으니, 이 수루에 오를 때마다 장군의 눈매는 매서워지고 입술은 저절로

수루에는 장군의 유명한 시조를 새긴 현판이 걸려 있다.

다물어졌으리라. 적에 대한 분노와 백성에 대한 연민, 그리고 언제나 죽음을 옆에 두어야 했던 자신의 운명에 대한 상념. 장군은 그 모든 것을 이 수루에 올라 혼자 삭였으리라. 저 바다 같은 깊이로 홀로 속울음을 울었으리라.

400여 년 전, 이 바다에서 날개를 펼친 학 한 마리를 기다리며 나 역시 오래오래 수루에 서 있었다. 노을이 지고 누군가가 마지막 배 시간임을 알려줄 때까지 나는 그 바다를 응시했다. 날개를 펼치고 비상하는 학을 기다리며 또다시 한산 앞바다에서 길을 잃고 만 것이다.

명나라 신종이 내린 팔사품 중 하나로
도독인, 즉 두장을 보관하던 함이나.

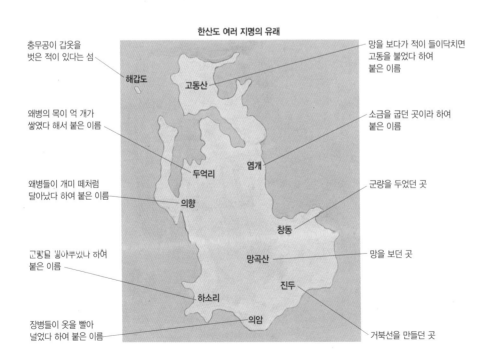

한산도 여러 지명의 유래

충무공이 갑옷을
벗은 적이 있다는 섬

해갑도

고동산

망을 보다가 적이 들이닥치면
고동을 불었다 하여
붙은 이름

왜병의 목이 억 개가
쌓였다 해서 붙은 이름

두억리

염개

소금을 굽던 곳이라 하여
붙은 이름

왜병들이 개미 떼처럼
달아났다 하여 붙은 이름

의항

창동

군량을 두었던 곳

군량을 빼앗아버렸나 하여
붙은 이름

하소리

망곡산

망을 보던 곳

진두

장병들이 옷을 빨아
널었다 하여 붙은 이름

의암

거북선을 만들던 곳

위: 제승당에는 장군의 일생을 압축한 벽화가 있다. 그중 한산도 통제사 시절 장군이 수루에 올라
나라 걱정으로 잠 못 이루던 모습을 그린 그림이다. 문학적 감수성이 뛰어났던 장군의 체취까지 느껴진다.
아래: 바다를 끼고 있는 활터.

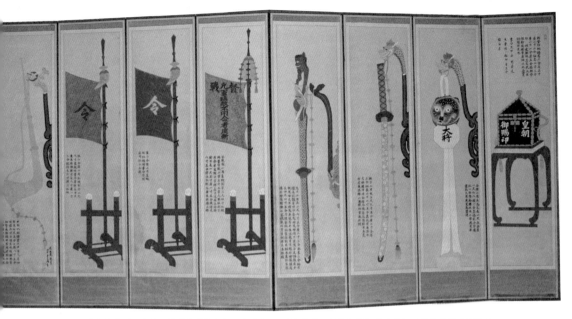

명 나리 왕 신종이 상군께 내린 팔사품을 그린 병풍으로 제승당에 보관되어 있다. 팔사품은 도독인, 호두령비 두 개, 참도 두 점, 귀도 두 점, 곡나팔 두 점, 독전기 두 점, 홍소령기 두 폭, 남소령기 두 폭이다.

한산도

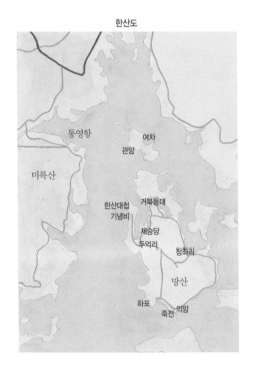

학이 날개를 펼치다

1592년 7월 8일, 한산 앞바다

임진왜란이 일어난 지 석 달 남짓, 조류를 탄 조선 수군 판옥선 5, 6척이 바람처럼 달리고 있었다. 그들이 향하는 곳은 견내량. 지금은 거제대교가 놓인 그 좁은 물길이었다. 조선 수군은 견내량을 지나 거제 앞바다로 접어들었다. 당시 견내량에는 대규모 일본 수군이 정박하고 있었다.

조선 수군은 모두 73척의 적선을 향해 결사대처럼 돌진했다. 적 선단 가까이 접근한 조선 수군은 곧바로 그들을 공격했다. 불의의 습격을 당한 일본 수군은 잠시 당황했으나 곧 전열을 정비하고 반격에 나섰다. 역부족이었다. 선제공격을 했던 조선 수군은 밀리기 시작했다. 어디선가 퇴각 북소리가 울렸다. 조선 수군은 뱃머리를 돌려 한산 앞바다로 퇴각했다. 조선 수군이 퇴각하는 모습을 본 일본 수군은 기세를 올렸다.

넓은 바다로 유인하라

총사령관 와키사카 야스하루脇坂安治는 전군에 진격 명령을 내렸다. 일본의 안택선과 관선에 일제히 오른 돛은 바람을 받아 팽팽해졌다. 이 얼마나 기다리던 순간인가?

오늘이야말로 패배를 설욕하리라. 와키사카는 마음이 급했다. 그는 원래 수군이 아니었다. 육군의 선봉장으로서 눈부신 전과를 올렸다. 특히 용인 전투에서는 2000의 군사로 6만이 넘는 조선군을 무찔렀다.

도요토미가 특별히 격려한 전투였다. 전쟁 초기 육군은 파죽지세로 몰아붙었다. 조선 땅은 이제 곧 일본의 수중에 떨어질 찰나였다. 그런데 바다에서 일이 틀어지고 말았다. 이름조차 듣지 못한 이순신이라는 조선 장수에게 일본 수군은 연전연패를 했다. 이에 격분한 도요토미가 특별 명령을 내려 와키사카에게 수군 지휘를 맡겼던 것이다. 그는 곧바로 웅천에 정박해 있던 전선을 견내량 쪽으로 출동시켰다. 단숨에 조선의 전라좌수영 여수를 삼키고 기세를 몰아 서해

한산해전이 벌어졌던 한산 앞바다. 이순신 장군은 패전한 적이 육지로 도망가지 못하도록 적을 넓은 바다로 유인했다.
이곳에서 장군은 세계 해전사에 길이 남을 학익진을 펼쳤다.

를 지나 한강으로 돌진할 생각이었다. 조선의 전선은 죽을힘을 다해 도망가고 있었다. 와키사카는 모든 함대에 전속력으로 추격할 것을 명령했다.

신호가 올랐다. 한산도 입구에 삼각형으로 높이 솟은 첨망산에서였다. 견내량으로 쳐들어간 우치적, 이운룡 등이 돌아오고 있다는 신호였다. 그 뒤로는 왜선이 새까맣게 몰려온다는 신호가 함께 올랐다. 이순신은 심호흡을 했다. 저들은 걸려들고 있는가? 장군은 동요하지 말 것을 명했다. 왜선이 보이면 먼저 흥분하는 군사들이 있었다. 명령이 떨어질 때까지 절대로 움직이지 말고 태산같이 버텨라. 신호만 올랐을 뿐 아직 아군 전선도, 적선도 보이지 않았다.

대규모 적과 맞닥뜨려 무너뜨릴 수 있는 것, 그것은 진법이었다.

장군은 혹독했다. 전투가 없는 날에도 전선을 바다에 띄웠다. 그리고 배를 부리는 방법을 반복해서 연마하고 또 연마했다. 바람을 타고 달리는 배의 방향을 바꾸는 것은 쉬운 일이 아니었다. 한두 대도 아니고 선단을 이룬 배의 방향을 일사불란하게 바꾸는 것은 모험에 가까웠다. 배끼리 충돌할 가능성이 높았기 때문이다. 그러나 장군은 끊임없이 되풀이해서 훈련을 시켰다. 진법 훈련이었다.

휘하 장수와 군졸들은 묵묵히 장군을 따랐다. 이미 치른 옥포·합포·적진포·사천·당포·당항포·율포해전에서 장군은 매번 승리했던 것이다. 장수와 병사들은 이순신을 신뢰했다. 이순신이 뜻하는 바가 무엇인지 정확히 몰라도 그의 명령만 따르면 승리한다고 믿었다. 그것은 절대적 신뢰였다.

학익진법(학이 날개를 펼친 듯한 진법)의 완승

다시 신호가 올랐다.

동시에 우치적, 이운룡의 전선이 장군의 눈앞을 지나갔다. 장군과 우리 수군은 매복을 하고 있었다. 건너편에도 아군 전선들이 매복한 채 명령을 기다리고 있었다. 아군 전선이 지나가자 곧 적선의 선봉대가 눈앞에 나타났다. 아군을 뒤쫓던 배였다. 순간, 장군은 적선에서 동요가 일어나는 것을 보았다. 적의 선봉대가 자신들의 옆구리를 노리는 조선의 전선을 발견한 것이다. 그러나 이미 때

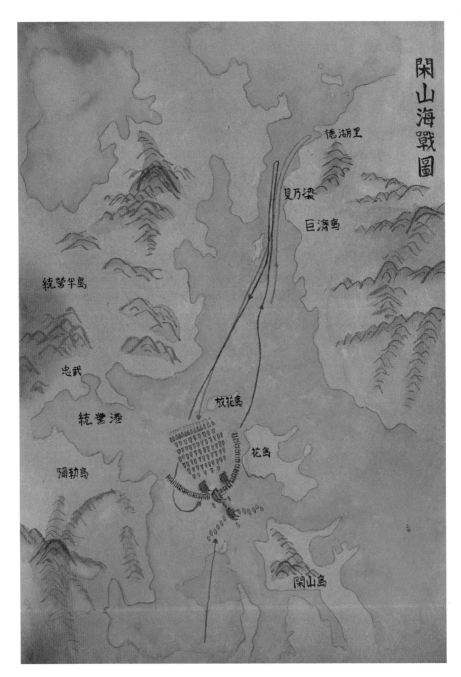

閑山海戰圖

德湖里

見乃梁

巨濟島

統營半島

忠武

統營港

放花島

彌勒島

花島

閑山島

'한산해전도'. 학익진법으로 적을 아군의 포격망 속에 몰아넣고
먼저 대장선에 화력을 집중해 지휘 체계를 무너뜨린 후 적을 섬멸했다.

는 늦었다. 조류와 바람을 탄 배를 멈출 수도 없었고 돌릴 수도 없었다. 뒤따라오는 본대에 상황을 알릴 수도 없었다. 적의 선봉대는 장군의 눈앞을 지나갔다. 뒤이어 적의 본대가 보였다. 순간 장군이 칼을 높이 쳐들었다.

장군의 명령만 기다리던 군사가 길게 천아성을 불었다. 거위 목을 닮은 나팔에서 길고 긴 소리가 뿜어져 나왔다. 동시에 북소리가 울렸다. 공격 신호였다. 한산도와 미륵도 그늘에서 매복해 있던 조선 수군들이 바다로 모습을 드러냈다.

앞서 퇴각하던 우치적, 이운룡 선단도 일사불란하게 뱃머리를 돌렸다. 퇴각하던 배가 뱃머리를 돌리고 섬 그늘에서 매복하던 본대가 넓게 학익진을 형성했다. 일본 함대는 오롯이 그 진 안에 갇혔다. 한산 앞바다에 학 한 마리가 날개를 넓게 펼쳐 적선을 품에 안았다.

이 당시 전황에 대한 일본 측 기록은 다음과 같다.

> 견내량으로 조선 배 4, 5척이 오는 것을 보고 철포를 쏘며 반 시간쯤 공격하자 조선 배가 조금씩 물러가는 것을 쉴 틈을 주지 않고 공격했다. 조선 배는 수로를 지나 넓은 바다에 이르자 일시에 뱃머리를 돌려 키 모양의 함대 모습을 취한 뒤 우리 배를 포위하고 들락날락하면서 공격하니 많은 사상자가 나왔다.

이순신 장군의 학익진이 적장의 눈에는 곡식을 일구는 키로 보였던 것이다.

이순신은 서두르지 않았다. 당황한 것은 학 날개에 갇힌 적이었다. 그들의 진용은 눈에 띄게 무너져갔다.

장군이 다시 칼을 높이 들었다. 순간 독전기가 휘날렸다. 동시에 대장선의 천자총통이 불을 뿜었다. 대장군전이 하늘로 솟았다. 길이 180센티미터, 무게 30킬로그램, 사정거리 600미터에 이르는 대장군전은 얇은 송판으로 만든 적의 안택선에 커다란 구멍을 뚫었다.

뒤이어 조선 수군의 각 전선에서 천자총통, 지자총통, 현자총통 등 다양한 화포가 불을 뿜었다. 동시에 궁수들은 화살을 날렸다. 화살이 넓은 그물망을 형성하며 적선의 머리 위로 떨어졌다. 갇힌 적들은 피할 공간조차 없었다. 겨냥할 것도 없이 대충 쏘아도 화살은 적선 위로 쏟아졌다.

적들도 응사를 해왔다. 적의 주 무기는 그들이 자랑하는 조총이었는데 조선 수군은 적의 사정거리 밖에서 화포로 공격을 했다. 오로지 거북선만이 적의 선단 가운데를 휘젓고 다니며 근접 공격했다. 장군은 눈앞에서 벌어지는 상황을 하나도 놓치지 않고 지켜보았다. 저들을 넓은 바다로 유인한 것은 옳은 판단이었다. 바다에 빠진 적들은 대부분이 상륙하지 못했다. 거제는 너무 멀었고, 미륵도 쪽은 가파른 절벽이었다.

패잔병들이 육지에 오르면 조선 백성들이 큰 피해를 입는다. 그래서 장군은 넓은 바다에서 학익진이라는 새로운 개념의 해전을 펼친 것이다. 이전의 해전은 정박한 적선을 기습하고 물러나는 단순한 전투였다. 그러나 한산해전에서는 육전에서나 펼치던 학익진을 응용했던 것이다.

적장 와키사카는 갑옷에 화살이 꽂혀 몹시 위험했으나 노가 많은 빠른 배를 탄 덕분에 김해 쪽으로 도망칠 수 있었다. 그날 일본 전선 73척 중 14척만이 도망갈 수 있었다. "와키사카가 처음에 1만 명을 지휘했는데 참패해 1000명만이 생존했다"라는 일본 기록이 있을 정도로 적의 피해는 컸다. 59척의 적선은 끝내 학의 날개에서 벗어나지 못했다. 한산해전에서 대패하자 도요토미는 일본 수군에게 "조선 수군을 만나면 맞서 싸우지 마라"라는 내용의 명령을 문서로 하달했다. 새로운 개념의 해전, 학익진법의 완승이었다.

구한말부터 우리나라의 독립을 위해 헌신한 미국의 선교사 겸 사학자 헐버트 Homer B. Hulbert는 "한산대첩은 조선의 *살라미스Salamis 해전이라 할 수 있다. 이 해전이야말로 도요토미의 조선 침략에 사형선고를 내린 것이며, 도요토미가 기획하던 명나라 정벌의 웅도를 좌절시킨 것 역시 이 일전이었다"라는 말로 한산대첩의 위대성을 표현한 바 있다.

통영의 세병관. 이순신 장군을 기념하기 위해 장군이 전사한 지 5년 후인 1603년 세운 건물로
이후 삼도수군 통제영으로 사용되었다.

*살라미스Salamis 해전
제3차 페르시아 전쟁 중인 B.C. 480년, 아테네 함대를 주력으로 한 그리스 해군이 병력과 장비가 우
세한 페르시아 해군을 폭이 좁은 살라미스 만으로 유인해 궤멸시킴으로써 패망 직전에 놓인 그리스
를 구출한 해전임.

'이길 수 있는 조건'을 만든다

선승구전先勝求戰이란 말이 있다. '미리 이겨놓고 난 후에 싸운다'라는 뜻이다. 이러한 경지에 이르려면 싸움을 하기 전에 미리 '이길 수 있는 조건'을 만들어야 한다. 이순신은 미리 '이길 수 있는 조건'을 만들어놓고 전투를 벌여 옥포·합포·적진포·사천·당포·당항포·율포해전 등에서 연전연승할 수 있었다. 한산대첩에서도 이순신은 '이길 수 있는 조건'을 만들어 우리 전함을 한 척도 잃지 않고 적의 전함 59척을 침몰시키거나 나포하는 완벽한 승리를 일구어냈다.

이순신은 지형, 조류 등 지리적 여건을 최대한 활용하기 위해 견내량에 있던 일본 수군을 한산도 앞바다로 유인했다. 그리고 우리 수군의 강점인 화포를 효율적으로 활용하기 위해 육전에서 쓰던 학익진을 해전에 응용했다.

당시 우리 수군은 판옥선을 주력 전선으로 갖추고 있었다. 소나무로 견고하게 만든 판옥선은 일본 전선보다 훨씬 튼튼했다. 뿐만 아니라 견고한 평저선이므로 좌현과 우현에서 화포를 안정적으로 쏠 수 있었다. 이에 따라 천자총통을 비롯해 지자총통, 현자총통 등 화포를 주력 무기로 탑재했다. 반면 일본 수군에는 조총과 이를 쏘는 사격수와 노련한 칼잡이들이 포진하고 있었다. 일단 배 위에서 싸우면 일본 수군이 훨씬 유리했다. 조선 수군은 일본군의 근접전 상대가 되지 못했다. 그러나 왜선은 우리 전선만큼 견고하지 않은 첨저선이므로 배 위에서 화포를 쏘기에는 문제가 있었다. 이를 간파한 이순신은 원거리에서 일본 전선을 화포로 집중 포격하는 학익진을 택했다.

이순신은 적의 강점인 조총과 칼싸움 실력을 무력화하기 위해 판옥선에 뚜껑을 덮고 쇠못을 촘촘하게 박은 거북선을 개발했다. 일본 조총은 견고한 우리 소나무를 뚫지 못했으며, 일본 수군의 장기인 배 위에서의 칼싸움도 방지할 수 있었다. 거북선은 포위된 우리 전선을 구출하는 데 큰 몫을 담당했다. 원거리 함포 사격 진법을 펼치던 이순신에게 거북선은 최고의 돌격선 역할을 한 셈이다.

이순신은 임진왜란 발발 1년 2개월 전에 전라좌수사로 부임하자마자 관할 지역의 지형과 조류를 조사했다. 또 전투 시 긴요하게 이용할 수 있는 요충지를 파악하는 데 힘을 기울였으며, 필요한 곳에는 수중에 장애물을 설치하기도 했다. 이렇듯 물리적 환경을 최대한 활용해 연전연승의 조건을 만들 수 있었다.

이순신은 적에 대한 정보도 적극 수집하고 활용했다. 탐망군과 탐망선을 파견해 적의 규모와 이동 상황 등을 세밀히 파악했다. 이렇게 수집한 정보를 토대로 일본 수군을 선제공격해 기선을 제압하고 적이 공격해 올 틈을 봉쇄했다. 그는 전투 시 적의 전함을 격침시키고 즉시 빠져나오는 기민성도 보여주었다.

이와 더불어 이순신은 정신적인 측면에서도 '이길 수 있는 조건'을 만들었다. 이순신은 죽음을 무릅쓰고 싸우는 용기와 솔선수범을 보여줌으로써 부하들의 분투를 이끌어냈다. 또 군수물자의 조달, 적의 동태 파악 등 각종 정보를 수집하기 위해 군민 협력을 강화했다.

이렇듯 이순신은 '이길 수 있는 조건'을 만들기 위해 혼신의 노력을 기울였다. 다음은 이순신의 진중 생활을 기록한 글 중 한 대목이다.

장군은 매일 밤 허리끈을 풀지 않고 잠을 잤다. 겨우 서너 시간 잔 후에 일어나 사람을 불러 일을 의논하기를 날이 샐 때까지 했다. 또 식사는 아침저녁으로 5, 6홉의 밥으로 끝냈으므로 이를 본 사람들은 일이 많은 데 비해 먹는 것이 적은 것을 크게 걱정했다.

임진왜란 전 조선은 오랫동안 이어진 평화로 군기가 해이해졌고 적당주의가 판을 쳤다. 평화에 익숙해지다 보니 고된 훈련에 불평도 많았다. 그러나 이순신은 스스로 모범을 보여 군기를 확립하고 고된 훈련을 이끌어나갔다. 학익진법을 활용하기 위한 노 젓기와 함대 진법 훈련, 그리고 방향 전환 훈련도 예외가 아니었다. 그 결과 그는 20세기 초 영국의 저명한 해군 전략가 발라드G. A. Ballard 제독이 극찬할 정도로 완벽한 학익진을 한산해전에서 구사할 수 있었다.

이순신이 부하들과 같이 활쏘기 연습에 매진했던 한산도 활터에 가보면 그가 얼마나 완벽하게 대비했는지 알 수 있다. 화살로 적을 명중하려면 적과의 거리를 정확히 측정해야 한다. 그러나 바다에서는 거리 감각이 무뎌져 다른 배에 탄 적을 정확히 겨냥하기가 힘들다. 이 문제를 해결하기 위해 이순신은 바다를 사이에 두고 활 쏘는 곳과 과녁을 배치할 수 있는 곳을 활터로 삼았다.

경제 전쟁에서도 승리하려면 '이길 수 있는 조건'을 만들어야 한다. 그러기 위해서는 먼저 경쟁 기업과의 싸움터라고 할 수 있는 시장과 산업을 구성하고 있는 경쟁자, 구매자, 공급자를 면밀히 파악해야 한다. 즉 경쟁자의 수, 경쟁자의 핵심 역량과 파괴력, 새로운 경쟁자의 진입 가능성과 이를 저지할 수 있는 기술력, 자금력, 상표 지배력 등 진입 장벽entry barriers, 사업 철수를 가로막는 퇴출 장벽exit barriers, 새로운 대체 상품의 출현 가능성과 시장점유율의 변동, 수요와 시장의 추세, 고객의 수와 소득수준, 가격에 대한 구매자의 협상력, 원료 공급자 수와 협상력 등에 대한 정보 수집과 분석이 필요하다.

이 밖에도 경쟁자와 싸워 '이길 수 있는 조건'을 만들기 위해서는 자신과 경쟁자 간의 경쟁 우위competitive advantage를 비교·평가해 자신의 강점을 최대한 활용할 수 있는 경쟁 전략을 수립해야 한다. 시장과 기술 등 경쟁 환경이 급변하고 있는 지금, 기민성이야말로 경제 전쟁에서 승리하기 위해 꼭 필요한 요소다. 가만히 있는 목표물은 공격하기 쉬운 대상이 된다. 끊임없는 개선과 혁신으로 경쟁자가 겨냥하기 힘든 목표물이 되어야 한다. '이길 수 있는 조건'을 만들기 위한 경쟁 전략competitive strategy을 지속적으로 점검해야 하는 이유다.

기업도 무한 경쟁 시대에 글로벌 경쟁력을 확보하기 위해서는 완벽성에 도전해야 한다. 이 점은 완벽성의 추구를 통해 애플을 세계적 기업으로 키워낸 스티브 잡스의 사례에서도 잘 알 수 있다. 스티브 잡스의 경영 철학은 한마디로 요약하면 '극단적인 완벽주의'다. 실제로 잡스의 십계명 중 제1항이 바로 "완벽하게 업무를 챙겨라"라는 말로 시작한다. 그만큼 완벽함을 중시했다. 특유의 완벽주의로 독창적이면서도 흠 없는 물건을 만들어낸 잡스는 직원들에게 너무 높은 기준을 강요하는 것이 아니냐는 질문에 "내 역할은 스스로 품질의 기준이 되는 것"이라고 답했다. 이처럼 자신이 만족하지 못하는 제품은 절대로 출시하지 않을 정도로 완벽성을 추구했기 때문에 세상을 깜짝 놀라게 하는 제품을 잇따라 선보일 수 있었다.

자동차는 2만여 개의 부품을 조립해 만든 제품이다. 부품 1만 개 중 불량품이 하나만 있어도 자동차 한 대에 평균 두 개의 불량품이 끼어들게 된다. 이 정도의 품질 수준으로는 글로벌 경쟁력을 확보할 수 없다. 항공기는 부품 수가 훨씬 많고 고도의 초정밀성이 필수적이므로 더욱 완벽한 작업이 요구된다. 보잉 777 여객기는 부품 수만 13만 2500개에 이른다. 따라서 초일류 회사들은 '불량률 제로'에 도전하고 있다. 이를 뒷받침하기 위해 그들은 업무 프로세스든 제조 프로세스든 결함 발생 비율이 100만분의 3이 넘지 않도록 하기 위한 6 시그마 six sigma 운동을 전개하고 있다.

부족한 것이 많은 존재인 인간은 완전무결할 수 없다. 또 완벽성을 추구할수록 스트레스를 많이 받는다. 그렇다고 목표치를 낮추면 의욕이 저하되고 게을러진다. 이를 예방하기 위해서도 끊임없이 완벽성을 추구하는 자세를 가져야 한다. 적당한 스트레스는 생활의 활력소로 작용해 건강에도 도움이 된다고 생각하자.

경영
교훈

워렌 버핏의 투자 원칙: 돈을 절대 잃지 않는다

지금과 같은 치열한 경제 전쟁 시대에 패자부활전을 기대할 수는 없다. 개인이나 기업은 한 번의 큰 실수로 재기 불능의 위험에 빠져들 수 있다. 이러한 리스크를 피하기 위해 사업이나 주식 투자에서도 '이길 수 있는 조건을 만든다'는 자세로 임해야 한다. 이러한 면에서 주식 투자의 귀재 워렌 버핏을 벤치마킹할 필요가 있다.

워렌 버핏 Warren E. Buffett은 11세에 주식 투자를 시작해 26세에 투자 조합을 결성하고 세계적 부자가 된, 주식 투자의 귀재라고 할 수 있다. 그의 투자 원칙은 다음과 같다.

첫 번째 원칙: 돈을 잃지 않는다.
두 번째 원칙: 첫 번째 원칙을 절대로 잊지 않는다.

그는 이러한 원칙을 지키기 위해 본질 가치 intrinsic value에 비해 주가가 크게 떨어진 주식을 매입해 장기간 보유하는 가치 투자 value investing를 고수한다. 그에 따르면 주식 투자는 회사가 발행한 주식의 일부분을 매입하는 것이므로, 회사의 가치를 알면 주식의 본질 가치를 평가할 수 있다고 한다.

그는 1988년에 본질 가치에 비해 훨씬 싼 가격에 거래되던 코카콜라 주식을 매입해 10억 2000만 달러에 코카콜라 전체 주식의 약 7퍼센트를 보유하게 되었다. 그 결과 그는 큰 이익을 거두었으며, 아직도 코카콜라 주식을 보유하고 있다.

반면 그는 자신이 잘 알지 못하는 분야에 대해서는 투자하지 않는다. 그는 첨단 기술 분야의 주식에 투자하지 않는 이유에 대해 다음과 같이 말한 적이 있다.

나는 앤디 그로브(인텔의 전 CEO)와 빌 게이츠를 손정해왔다. 그들에 대한 존경을 표하기 위해 기꺼이 자금을 후원할 수도 있다. 하지만 마이크로소프트와 인텔에 투자하는 것은 이와 다른 이야기다. 나는 앞으로 10년 후에 세상이 어떻게 변할지도 잘 모르고, 다른 사람이 유리한 입장에 있는 분야에 구태여 들어가는 걸 원하지 않는다. 물론 내 모든 시간을 다음 해의 기술에 관해 생각하며 보낼 수도 있다. 하지만 그렇다 해도 나는 이 나라에서 그러한 사업을 분석하는 100번째, 1000번째, 혹은 심지어 1만 번째로 머리가 좋은 인간에 불과할 것이다. 세상에는 기술력을 잘 분석할 수 있는 사람들이 있다. 하지만 내게는 안타깝게도 그런 능력이 없다.

-앤드루 킬패트릭 지음, 안진환·김기준 옮김, 《워렌 버핏 평전 2》, 윌북, 2008, 65~66쪽

버핏은 큰 불확실성 때문에 본질 가치를 분석하기 어려운 기술주 대신 자신이 잘 알 수 있는 음식 등 삶과 직접 관련된 주식에 집중했다. 그는 자신이 잘 분석할 수 있는 기업의 주가가 내재 가치보다 현저하게 낮아졌다고 판단될 때까지 끈기 있게 기다렸다가 집중 투자하는 전략을 구사한다. 그는 자기가 매입할 주식의 주가가 앞으로 더 떨어진다고 해도 손해를 보지 않을 만큼 충분한 안전 마진margin of safety을 확보할 수 있는 아주 낮은 가격에 주식을 매입함으로써 위험을 최대한 회피하려고 한다.

버핏은 기술주가 폭등할 때 큰돈을 벌지 못했지만 기술주의 거품이 꺼질 때 큰 손해도 보지 않았다. 버핏은 단기간에 큰돈을 벌려고 하기보다는 어떤 경우에도 손해를 보지 않도록 노력했다. 그는 1965년부터 자신이 투자한 주식에 대해 연 평균 20퍼센트 이상의 수익을 실현했다. 그는 미국의 투자 조합 중에서 10등 내에 든 적이 한 번도 없지만, 리스크를 철저히 관리해 손해 본 적이 한 해도 없다. 그는 복리의 마력을 이용해 세계적 부자가 됐다. 다음은 복리의 마력에 대한 그의 말이다.

10퍼센트의 이율로 45년 동안 1000달러를 투자하면 7만 2800달러가 된다. 이율이 20퍼센트라면 그 1000달러는 365만 7262달러가 된다. 생각건대 이러한 차이는 호기심을 유발하며 나를 엄청나게 놀라게 한다.

-앤드루 킬패트릭, 전게서, 34~35쪽

　　대부분의 사람들은 탐욕과 욕망, 군중심리에 따라 주식을 자주 샀다 팔았다 한다. 이 결과 돈을 버는 경우도 있지만, 장기적으로 보면 큰돈을 버는 일은 거의 없으며 손해 보는 일도 많다. 이에 반해 버핏은 '돈을 절대 잃지 않는다'는 원칙에 따라 주식 투자에 따른 리스크를 철저하게 관리했다. 그는 본질 가치에 비해 현저하게 싼 주식을 매입해 장기간 보유하는 가치 투자를 통해 세계적인 부자가 될 수 있었다. 그는 막연히 투자하는 것이 아니라 미리 '돈을 벌 수 있는 조건'을 만들기 위해 최선을 다한 후에 투자한다.

　　버핏은 세계에서 손꼽히는 부자이지만 매우 소박하고 검소한 생활을 한다. 햄버거와 콜라를 즐기며, 50년 이상 허름한 집에서 살고 있다. 연봉도 10만 달러가 넘지 않는다. 그는 사후 금융 수익의 99퍼센트 이상을 사회에 환원하겠다는 뜻을 밝혔다. 그는 2006년에는 자신의 개인 재산의 85퍼센트인 370억 달러를 빌 게이츠가 설립한 재단Bill & Melinda Gates Foundation 등 다섯 개 사회사업 재단에 기부하겠다고 공표했다. 그는 박애적 자본주의philanthropic capitalism를 주창하고 이를 실천하고 있다.

기본으로 돌아가라

이순신은 전략의 원칙을 중시했다. 군사 전략이든, 경영 전략이든 원칙은 같다. 시대가 변한다고 달라지는 것은 아니다. 2500년 전의 《손자병법》이 오히려 신선한 가르침을 준다고 극찬하는 전략 분야 전문가도 있다. 이순신이 보여준 백전백승의 전략은 이런 점에서 경제 전쟁 시대에 진지하게 되새길 필요가 있다.

우선 적이나 경쟁 기업을 이기기 위해서는 주어진 환경을 최대한 활용하고, 자기의 강점으로 상대방의 약점을 집중 공략해야 한다. 그러려면 자신이 처한 환경을 면밀히 파악하고 자기의 강점과 약점은 물론 상대방의 강점과 약점도 정확히 꿰뚫어야 한다.

이순신은 이 같은 전략의 원칙을 중시했다. 주어진 자연환경을 최대한 활용하기 위해 남해안의 복잡한 지형과 조류潮流를 훤히 꿰고 있었다. 이 결과 이순신은 적에게 기습공격에 성공할 기회를 준 적이 한 번도 없다.

이순신의 이 같은 정보 중시 전략은 '빅 데이터big data' 시대인 지금 더욱 필요하다. IBM의 버지니아 로메티 회장은 최근 세계 최대 통신 컨퍼런스인 '모바일 월드 콩그레스Mobile World Congress: MWC'에서 "데이터는 거의 모든 산업의 핵심 경쟁력을 좌우할 21세기의 새로운 천연자원"이라고 강조해 전 세계적으로 주목받았다. 최근 기술과 비즈니스, 사회 전반에 걸쳐 일어나는 변화와 혁신은 모두 데이터, 즉 정보에서 시작된다 해도 과언이 아니다. 또 이러한 빅 데이터는 기업뿐 아니라 테러, 재난, 재해, 질병 등 각종 위기에 대한 선제적 대응이 가능하도록 함으로써 국가 경쟁력에도 영향을 미친다.

이순신은 집중 전략도 적절히 활용했다. 그는 우리 수군의 전투력을 집중시켜 흩어져 있는 일본 수군을 급습해 완승을 거두었다. 이순신은 옥포해전에서 26척, 합포해전에서 5척, 적진포해전에서 11척, 사천해전에서 13척, 당포해전에서 21척, 진해해전에서 6척, 당항포해전에서 26척, 율포해전에서 6척의 적선을 침몰시켰지만 우리 측 피해는 거의 없었다. 또 이순신은 우리 수군의 전투력을 집중해 도요토미 히데요시의 특명을 받은 대규모의 일본 수군을 두 차례에 걸쳐 일부를 한산대첩에서 섬멸한 후에, 나머지 일본 수군을 안골포해전에서 침몰시키는 대승을 거두었다.

대규모 기업들도 집중 전략으로 경쟁력을 강화하고 있다. 애플은 고도의 집중 전략으로 아이팟, 아이폰, 아이패드 등 혁신 제품을 개발해 세계적 기업이 되었다. 애플 CEO인 팀 쿡이 밝힌 경영 철학이다.

애플은 제가 알고 있는 기업 중 가장 집중력이 뛰어난 기업입니다. 우리는 아주 좋아 보이는 아이디어에 대해서도 끊임없이 '아니요'를 외칩니다. 그 이유는 특정 분야에만 초점을 맞추기 위해서입니다. 우리는 극소수의 분야에만 집중적으로 에너지를 투자합니다.
-카민 갤로 지음, 박세연 옮김, 《스티브 잡스 무한 혁신의 비밀》, 비즈니스북스, 2010, 248쪽

애플을 창업한 스티브 잡스는 핵심 분야에 집중하기 위해서는 1000번이라도 '아니요'를 외쳐야 한다고 말하고, 실제로 지나칠 정도로 여러 번 '아니요'를 외쳤다고 한다.

중소기업이라고 하더라도 대기업이 진출하지 않았거나 잘하지 못하는 사업 분야를 집중 공략하면 글로벌 경쟁력도 확보할 수 있다. 실제로 이러한 전략을 활용해 틈새시장에서 세계 제일의 경쟁력을 확보한 기업도 많다.

독일의 헤르만 지몬Hermann Simon 교수는 기업이 아니고 전문품을 생산하기 때문에 대중에게 잘 알려져 있지 않지만, 세계시장을 제패한 기업을 '히든 챔피언hidden champion'이라고 명명했다. 독일에는 이런 기업이 많아 국가 경쟁력의 뿌리 역할을 담당하고 있다. 히든 챔피언은 시장의 한 부문에 초점을 맞추는 고도의 집중 전략으로 자원을 분산시키지 않고 한 분야에서 지속적인 연구 개

발과 혁신을 통해 초일류 기업이 되었다.

와이지원YG-1은 절삭 공구 중에서도 엔드 밀end mill 한 분야에 집중해 히든 챔피언이 된 우리나라 기업이다. 와이지원의 창업자 겸 CEO인 송호근은 집중 전략의 중요성을 다음과 같이 강조한 바 있다.

"1등이 된다는 것이 과연 그렇게 힘든 일인가. 올림픽이라면 나 역시 금메달을 딸 자신이 없다. 하지만 한 분야에서 최고가 된다는 것은 결코 어려운 일이 아니다. 뭐든지 세분화해 한우물만 열심히 파면 돈을 벌 수 있는 기회도, 사업을 할 수 있는 기회도 무궁무진하다."

최근 환경이 돌변하고 기업 간의 경쟁이 치열해지면서 새로운 경영 기법이 쏟아져 나오고 있다. 하지만 히든 챔피언은 이런 조류에 휩쓸리지 않고 간단하지만 이미 검증된 경영 원칙에 충실한 경영을 한다. 즉, 그들은 직원을 존중하지만 이들에 대한 평가는 엄격하게 한다. 고객에게 최고의 가치를 제공하기 위해 심혈을 기울이고 기업의 모든 이해관계자에게 신뢰를 얻기 위해 투명 경영을 실천한다. 또 그들은 일상 업무나 세부 사항의 처리에서는 큰 융통성을 보이지만 원칙, 목표, 기본 가치를 훼손하는 일은 허용하지 않는다.

경영 전략의 기본 원리에 충실하지 않으면서 유행처럼 바뀌는 기법을 좇는 것은 모래 위에 화려한 누각을 짓는 것과 다를 바 없다. 어렵고 급할수록 기본으로 돌아가야 한다.

3장

빈손으로 재기하다

칠천량에서 원균이 이끄는 조선 수군이 완패한 후
이순신 장군은 다시 삼도수군통제사가 되었다.
그러나 배도 군사도 없는 해군 사령관이었다.
그에게 남은 것은 재기를 위한 뜨거운 열정과 용기,
그리고 백성과 군사의 신뢰뿐이었다.
그리고 이를 통해 그는 명량대첩의 승리를 이끌어냈다.

노을 지는 단성 경호강변의 아름다운 풍경.
몇 해 전까지만 해도 경호강변에는 드넓은 대나무밭이 펼쳐져 있었다.
장군은 억수 같은 비를 맞으며 이 강변을 지나 군사를 모으고 무기를 수습해 재기에 나섰다.

백의종군과 조선 수군의 궤멸

이순신에게 연전연패한 일본은 전선이 부족해 본국에서 군비를 조달하기 어려워지고 수륙병진책도 추진할 수 없었다. 또 의병과 명나라의 참전으로 육지에서의 전쟁도 일진일퇴를 거듭하자 일본은 명나라와 지루한 종전 협상을 벌였다.

이에 따라 전쟁이 소강상태에 빠지자 선조는 일부 사람들의 모함과 일본 간첩 요시라의 간계에 넘어가 1597년 2월 26일, 이순신을 함거(지난날 죄인을 호송할 때 사용하던 수레—편집자 주)에 가두어 한양으로 압송했다. 한 달여 후인 4월 1일 가까스로 석방된 장군은 도원수 권율의 휘하에서 백의종군하라는 명을 받았다. 이순신은 직위도 없이 싸움터에 나가야 했다.

한양을 떠난 장군은 아들이 잡혀갔다는 소식을 듣고 순천에서 배를 타고 오다가 세상을 떠난 어머니의 장례도 죄인이란 신분 때문에 못 치러드린 죄책감을 품은 채 아산, 순천, 구례, 하동, 삼가를 거쳐 합천 땅 초계에 도착했다.

석방된 지 약 3개월 후인 7월 18일, 장군은 그곳에서 통한의 소식을 들어야 했다. 원균이 이끄는 조선 수군이 칠천량해전에서 전멸하다시피 패배했다는 비보였다. 장군은 "통곡함을 참지 못했다"라고 그때의 심경을 토로했다. 도원수 권율이 대비책을 묻자 장군은 군관 아홉 명만을 대동하고 곧 길을 나섰다. 자신이 직접 현장을 보고 결정하려 한 것이다.

여정의 출발점 - 초계로 가는 길

나는 장군의 길을 따라가보기 위해 초계로 갔다. 26번 국도는 서해의 군산에서 시작해 동쪽으로 뻗어 있다. 길은 거창을 지나면서 더욱 산속으로 숨어든다. 어쩌면 우리나라에서 가장 꼬불꼬불한 국도가 아닐까 하는 생각을 해본다. 거창에서 합천으로 이어지는 26번 국도의 일부, 국도라기보다는 호젓한 산길이란 느낌이 든다. 차창 오른쪽으로는 긴 계곡이 끝없이 따라온다.

거창에서 한 시간여, 갑자기 사위가 달라진다. 눈앞에 펼쳐진 거대한 호수, 수면은 호수를 둘러싼 산봉우리들의 어깨까지 찰랑찰랑 닿아 있다. 약 100미터

위: 파란 물빛에 하얀 꽃색이 잠긴 합천호.
낙동강의 지류인 황강의 상류를 막아 만든 합천호는 당시 백의종군하던 장군의 모습을 지켜보았으리라.
아래: 합천군 초계면사무소 앞에 있는 이순신 장군 백의종군 행로도.
장군의 재기를 위한 대장정은 이곳에서 시작되었다.

높이의 댐으로 조성된 인공호, 합천호다. 낙동강의 지류인 황강의 상류를 막아 만든 거대한 합천호는 호수를 둘러싼 일주 도로의 벚꽃이 잠겨 물빛이라기보다는 차라리 꽃빛이다. 파란 물빛에 하얀 꽃색이 잠겼다.

합천호를 뒤로하고 내려서면서 황강을 끼고 달리니 곧 합천이 나타난다. 합천은 나라 땅의 가장 깊은 곳에 들어앉아 있는 곳 중 하나다. 그러나 이곳은 그렇게 만만한 고장이 아니다.

합천은 가야 문화의 뿌리다. 대가야의 옛 땅이며 신라와 백제가 혈투를 벌였던 대야성이 바로 이곳 합천이다. 합천읍을 통과해 곧장 동쪽으로 방향을 잡았다.

이제 황강은 몸을 풀었다. 그동안 가파른 산봉우리 사이를 흐르다가 너른 들을 만나 한껏 여유를 부리는 것이다. 합천을 지난 황강은 이제 낙동강을 만날 것이다.

장군이 지나갔던 합천군 율곡면.
우산을 든 아낙들이 걸어가고 있다. 장군이 대장정을 한 시기에는 유난히 비가 많이 내렸다.

낙동강 본류를 40여 리 앞둔 곳, 산마루를 슬쩍 넘어서면 갑자기 환한 세상이 펼쳐진다. 합천호가 물의 세상이었다면 이곳은 흙의 세상, 땅의 세상이다. 사방이 산자락이 치맛단처럼 흘러내려 분지를 이루었다. 산은 높되 그 자락은 부드럽고 땅은 넓으며 속살 역시 깊은 곳, 초계다.

합천군 초계. 우리의 탈놀이 중 오광대라는 것이 있다. 다섯 마당으로 이루어진 이 가면극은 양반을 풍자하는 우리나라의 대표적인 인형극이다. 그중 유명한 것이 고성오광대, 통영오광대, 가산오광대 등이다. 그중에서 고성오광대의 중간 시원지가 바로 이곳 초계라고 알려져 있다.

낙동강 동쪽으로는 안동의 하회탈춤과 동래의 들놀음[野遊]이 유명하며 낙동강 서쪽으로는 오광대가 유명한데, 바로 이곳 초계가 그 중간 발상지인 것이다. 이는 초계가 물산이 풍부하고 농업이 일찍이 발전했던 고장이라는 사실을 말해준다. 그리고 황강을 통해 낙동강의 동과 서를 이어주는 요충지였다.

대장정의 시작 - 초계에서 단성까지

1597년 7월 18일 초계의 날씨는 맑았다고 장군은 기록하고 있다.

나는 장군의 행적도가 있는 초계면사무소에서 자동차의 거리계 버튼을 눌렀다. 계기판 숫자는 '0'을 가리켰다. 이제 나도 길을 나설 것이다. 400여 년 전, 칠천량에서 패전했다는 통한의 소식을 접하고 대비책을 찾기 위해 길을 나선 장군의 뒤를 따라 초계를 출발했다. 합천을 거쳐 진주 쪽으로 방향을 잡았다.

약 40킬로미터를 달리다 보니 장군이 대장정의 첫 밤을 보낸 삼가면이 나온다. 삼가는 남명 조식의 고장이다. 임진왜란이 일어나기 20년 전에 세상을 뜬 대학자 남명 조식은 조정의 부름에 응하지 않고 지리산 아래에서 경의 사상을 바탕으로 실천적인 교육에 힘썼다. 그의 가르침으로 정인홍, 곽재우, 최영경 등 제자 60여 명이 의병장이 된 만큼 그는 당시 가장 성공한 교육자라 할 수 있다.

잠시 차에서 내려 삼가면 토동의 남명 선생 출생지를 찾았다. 생가를 둘러본 후 중년의 남명이 제자들을 가르쳤던 뇌룡정으로 향했다. 선생의 공간은 단출하고 스산했다. 다만 뇌룡정 뒤편의 용틀임하는 소나무 몇 그루가 선생의 음성을 대신하고 있었다.

초계를 떠난 장군은 이곳 삼가면에서 첫날을 보내고, 다음 날인 7월 19일 험악한 산길에서 하루 종일 비를 맞으면서 강행군을 무릅써 밤늦게 단성에 도착했다. 삼가면을 지나 그대로 지리산 쪽을 바라보며 약 23킬로미터를 달리면 산청군 단성면이 나온다. 단성은 진주로 가는 길과 산청으로 올라가는 길, 그리고 경호강을 건너 지리산으로 이어지는 삼거리 길목을 차지하고 있다.

옛날에는 단성의 경호강변에는 강변에 대나무밭이 드넓게 펼쳐져 있었다. 그렇다. 대나무밭은 이제 과거형이다. 10여 년 전만 해도 넘실거리는 대밭의 풍경에 넋을 놓곤 했는데 개발이라는 이상한 이름은 경호강변의 푸름을 앗아 가버렸다. 대신 강변을 따라 숙박업소들이 각양각색의 외국 이름을 달고 늘어서 있다. 쓸쓸한 마음을 애써 지우며 수군 재건에 몰두했던 이순신을 다시 생각해 본다.

그때 장군의 마음은 매우 급했다. 억수 같은 비를 무릅쓰고 7월 21일까지 4일간 삼가, 단성, 곤양을 거쳐 노량까지 꼬불꼬불한 당시의 길로 200킬로미터 이상을 다닌 것이다. 장군의 머릿속에는 오직 하나의 생각뿐이었다. 어떻게 할 것인가? 조선 수군을 어떻게 수습할 것인가? 무엇으로 수습할 것인가? 조선 수군이 없다면 이 전쟁은 끝난 것이나 다름없다. 이제 왜적은 서해의 뱃길을 타고 곧장 북상할 것이다.

영산강과 만경강을 통해 조선의 곡창, 호남 땅을 유린할 것이다. 금강을 타고 올라 백제의 옛터를 노략질할 것이며 한강을 타고 올라 곧장 조선의 종묘사직에 그 더러운 칼끝을 갖다 댈 것이다. 이를 어찌할 것인가? 이를 어찌 막을 것인가? 마음은 급하고 바쁘건만, 지금 내가 가진 것은 아무것도 없구나.

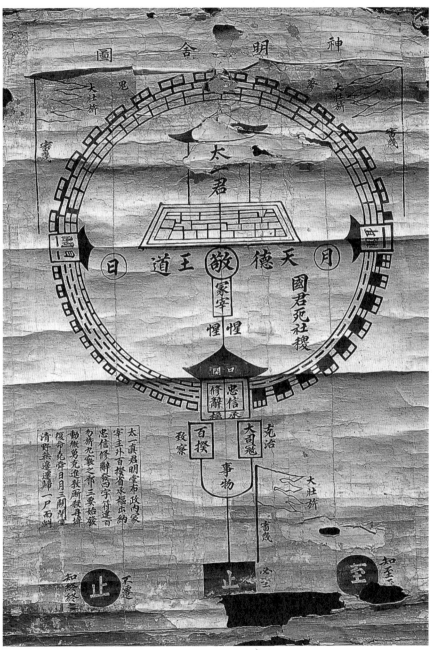

남명 조식은 퇴계 이황과 쌍벽을 이루던 선비로 평생 방울과 검을 차고 살았던 선비로 유명하다.
방울은 '성성자'라고 하며, 항상 자신의 마음을 깨우는 경敬의 도구로 삼았고, 검은 자신의 사사로움을 잘라버리는
의義의 상징적인 도구로 삼았다. 그가 마음을 어떻게 다스리고 수행하면 좋을지 기록한 글이 '신명사도'다.

뇌룡정과 그 현판.

이순신의 수군 재건 행적지

빈손의 삼도수군통제사

당시 장군만큼 바쁜 발걸음을 옮기 이가 또 있었다. 한양에서 장군을 찾아 내려오던 선전관 양호였다. 그는 장군에게 전할 교지를 갖고 있었다. 장군을 다시 삼도수군통제사로 임명한다는 교지였다. 한시라도 빨리 전달해야 했다. 그제야 조선 조정은 나라의 명운이 이순신의 손에 달려 있다고 호들갑을 떨었다. 1597년 8월 3일, 마침내 교지가 장군에게 전달되었다. 장군은 진주 인근의 운곡(수곡면 원계마을)에 위치한 손경례孫景禮의 집 마당에 거적을 깔고 네 번 절한 후 교지를 받았다.

교지의 내용은 다음과 같다.

> 짐은 이와 같이 이르노라. 어허, 나라가 의지해 보장을 삼는 것은 오직 수군뿐인데, 하늘이 아직도 화를 거두지 않아… 3도 수군이 한 번 싸움에 모두 없어지니 근해의 성읍을 누가 지키며, 한산진을 이미 잃었으니 적이 무엇을 꺼릴 것이랴?
> 생각하건대, 그대는 일찍이 수사 책임을 맡던 그날 이름이 났고, 임진년 승첩이 있은 뒤부터 업적을 크게 떨쳐 변방 군사들이 만리장성처럼 든든히 믿었는데, 지난번 그대의 직함을 갈고 그대로 하여금 백의종군하도록 했던 것은, 역시 사람의 모책이 어질지 못함에서 생긴 일이었거니와, 오늘 이와 같이 패전의 욕됨을 당하게 되니, 무슨 할 말이 있으리오. 무슨 할 말이 있으리오.
> 이제, 특별히 그대를 상복 입은 그대로 기용하는 것이며, 또 그대를 백의白衣에서 뽑아내어 다시 옛날같이 전라좌수사 겸 충청 ·전라 ·경상 삼도수군통제사로 임명하노니….

왕의 교지에는 후회의 빛이 역력했다. 그러나 장군은 빈손이었다. 세계 역사상 가장 단출한 해군 사령관이 된 것이다. 배도 없고 군사도 없는.

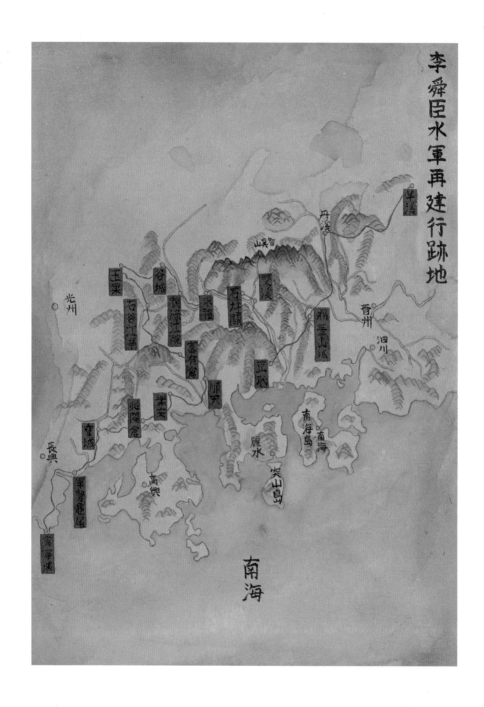

이순신의 수군 재건 행적지를 표시한 고지도.

섬진강변을 따라

삼도수군통제사 이순신은 다시 길을 떠났다. 하동을 거쳐 섬진강을 따라 북상했다. 섬진강을 따라가는, 우리나라에서 가장 아름다운 길 중 하나라는 이 길에서 나는 차창을 모두 내렸다. 바깥바람이 꽤 차가웠지만 개의치 않았다. 청둥오리 목처럼 푸른 물빛과 새하얀 모래, 그리고 지는 벚꽃잎. 나는 그 아름다움에 취해 잠시 비통하고 초조했던 장군의 심경을 잊었다.

화개장터를 지나 곧장 올라가면 피아골 입구에 경상도와 전라도를 연결하는 요지인 석주관(구례군 토지면 연곡)이라는 곳이 있다. 장군도 이곳을 지났다. 석주관은 1598년 8월에 의병들이 적을 맞아 싸우던 곳으로, 당시 죽음으로 왜적에 항거한 7인의 의병장과 구례현감 이원훈을 모신 묘소가 있다. 왕득인과 그의 아들 왕의성, 이정익, 한호성, 양응록, 고정철, 오종은 모두 구례의 선비들이었다. 왜적이 들이닥치자 이들은 수백 명의 의병과 화엄사 승병을 이끌고 이곳 석주관을 지키기 위해 항전했다. 그러나 중과부적, 이들은 패배했고 나중에 이들을 기려 이곳에 '석주관 칠의사 묘'를 조성했다. 구례현감 이원훈은 왜군이 석주관에 쳐들어오자 남원성으로 후퇴해 그곳에서 항전하다가 전사했다.

석주관을 넘어서면 곧 구례 땅이다. 나는 구례를 방문하려면 날이 저물 무렵 찾으라고 권한다. 다른 길 말고 하동에서 올라가는 길을 잡고는 해 질 무렵 구례입구에 닿으라고 일러주고 싶다. 화엄사 입구 못 미처 모퉁이를 돌면 구례가 한눈에 들어오는 용두마을의 정자가 있다. 그곳에 차를 멈추고 저녁을 맞이하라. 섬진강 바람을 맞으며 구례를 바라보라. 나는 저녁 불빛이 그토록 아름다운 동네를 지금껏 본 적이 없다.

해 질 무렵에 맞추기 위해 나는 최대한 천천히 달렸다. 그리고 구례의 불빛을 보았다. 예를 구한다는 이곳에서 그 불빛들은 무엇을 구하기 위해 저리도 아득하며 아름다운지. 그러나 그때 장군이 바라본 구례는 호롱불 하나 없는 암흑 천지였을 것이다. 칠천량에서 승리를 거둔 왜군들이 북상하면서 그야말로 도륙을 낸 현장이었으므로 일본인 승려조차 곳곳에서 시체 타는 냄새가 코를 찔렀다며 당시의 참상을 기록했다. 여장을 풀고 잠을 청했으나 쉽게 잠들지 못했다.

장군이 지은 시가 들려오는 듯하나.

비바람 촉촉이 흩날리는 밤
이 생각 저 생각에 잠 못 이룰 때
쓸개가 찢기고 가슴이 아프며
마음은 상하고 살은 여미는 듯하네

산하는 참혹해라
물고기 새들도 슬피 우네
나라 일 어찌 될지 모르는 판에
바로잡을 사람 없어라

중원 땅 되찾은 제갈량 생각나고
적을 무찌른 곽자의가 그립구나
오랫동안 방비를 했다지만
이제 보니 임만 속였어라

8월 5일 이순신은 구례를 출발해 압록강원(곡성군 오곡면 압록리)에서 점심을 지어 먹은 후 오후에 곡성읍성에 도착했다. 백성들이 피란을 가서 읍성 안팎은 텅 비어 있었다. 곡성의 압록은 옛날에 가장 아름다운 기차역 건물이 있던 곳이다. 전라선 열차가 통과하는 그곳에서 보성강과 섬진강이 만난다. 강변의 작은 역사는 큰 인기를 누렸던 드라마의 촬영지로 널리 알려졌으나 지금은 새 건물이 들어섰다. 세월이 흘러도 변하지 않는 것은 산도 아니요 강두 아니요, 처리리 사람의 마음이리라. 서럽도록 아름다운 강가에서 오랫동안 장군의 숨소리를 느껴보려 했다. 나는 여기서 이토록 여유를 부리고 있지만 장군은 한시도 낭비할 수 없었다. 장군이 구례읍을 떠난 다음 날 왜적이 그곳에 침입했기 때문이다.

평화롭기 그지없는 하동 섬진강 풍경. 아래는 구례 석주관 칠의사 사당.
사당 건너편 언덕에 칠의사 묘소와 묘비가 있다. 유심히 살피지 않으면 그냥 지나치기 쉽다.

곡성에서 순천으로

아침 일찍 곡성읍성을 떠난 장군이 곡성군 옥과면에 다다르니 5리 밖까지 사람들이 나와 환영해주었다. 또 순천 쪽으로 가던 피란민들이 이순신을 보자 소리 내어 곡을 하고 "장군이 다시 오시니 우리들은 이제 살게 되었다"라고 말하며 모여들었다. 이순신 함대의 거북선 돌격장으로 맹활약하던 이기남도 "앞으로 어떤 구덩이에 쓰러져 죽을지 모르겠다"라고 한탄했지만 순천에서 이순신을 찾아와 스스로 장군을 따라 나섰다. 의병장으로 활동하던 정사준 형제와 군관들도 장군의 대열에 합류했다.

아침 일찍 옥과를 떠난 장군은 드디어 바다 쪽으로 길을 잡았다. 장군이 옥과에서 석곡강정(곡성군 석곡면)으로 가는 도중에 전라 병사의 패잔병들이 줄지어 지나갔다. 장군은 이들에게서 군마와 활, 화살 등 각종 무기를 얻었다. 이때 이순신 대열에 합류한 군사도 적지 않았다.

장군은 군량미를 확보하기 위해 큰 미곡 창고가 있는 부유창(순천시 주암면 창촌리)에 빨리 도착하기 위해 새벽에 석곡강정을 떠났다. 그러나 안타깝게도 부유창에 도착하니 창고는 불타버린 후였다. 그러나 그곳에서 장수 세 명이 이순신 대열에 합류했다.

장군은 같은 날 해 질 무렵에 순천부에 도착해 창고에 남아 있던 무기와 군량미를 확보했다. 하늘이 순하며 그 순한 하늘을 따른다는 고을, 순천 들머리의 이정표에는 이곳에 아름다운 사람들이 살고 있다고 크게 써 붙여놓았다. 그랬다. 이 땅에는 늘 아름다운 사람들이 살았다. 그러나 이 순천 땅도 왜적들에게 큰 시달림을 받았으니, 고니시 유키나가小西行長가 마지막까지 버티던 예교성이 바로 이곳 순천에 있다. 예교 왜성 답사는 다음으로 미루었다. 장군을 만나러 가는 길에 적의 진지 하나쯤 밟아도 괜찮으련만 마음이 바쁘다. 곧장 2번 국도를 탔다. 목포에서 부산까지 국토의 가장 남쪽에서 동서를 이어주는 큰길. 왜란 때 이 길을 따라 극심한 피해가 이어졌다.

위: 옛 정취가 아쉬운 전라선의 압록역. 길을 따라 흐르는 강물이 아름다운 곳으로
역 안에는 드라마 출연자의 이름을 딴 소나무가 있다.
아래: 순천 예교 왜성. 이곳은 고니시 유키나가가 고립되어 있던 성이다.
장군은 이곳을 둘러싼 채 마지막 적의 숨통을 옥죄던 도중 적의 구원병과 노량해전을 치렀다.

순천에서 회령포까지

순천에서 2번 국도로 남쪽으로 조금 내려가다가 낙안으로 길을 잡았다. 낙안은 몇 남지 않은 읍성으로 유명한 곳이다.

읍성이란 산성과 달리 사람들이 거주하는 읍에 쌓은 성벽이다. 우리나라는 산성을 주 방어 개념으로 삼았다. 평상시에는 평지에서 생활하다 적이 들이닥치면 산성으로 올라가 농성을 하는 것이 우리의 방어 개념이었다. 그래서 산성은 많으나 읍성은 의외로 적으며 제대로 남아 있는 읍성 또한 많지 않다. 그런 이유로 고창의 모양성이나 해미읍성, 그리고 낙안읍성은 그 자체로 훌륭한 문화 유적이 된다.

낙안읍성은 언제나 분주하다. 초가집이며 옛 동헌이 그대로 남아 있으나 그곳에 사는 사람들은 현대인들이다. 21세기 대한민국 국민이 조선왕조의 성안에 살고 있는 것이다. 나는 그 묘한 부조화가 좋다. 여유가 있으면 낙안읍성을 밟아볼 일이다.

1597년 8월 9일, 양력으로는 9월 19일, 장군은 이곳 낙안에 도착했다. 옥과에서와 같이 백성들은 5리 밖까지 나와 장군을 맞이했다. 그러나 낙안의 관청과 창고는 모두 불타고 없었다. 당시의 지역 책임자가 미리 겁을 먹고 불을 지른 후 달아나버렸던 것이다. 당시 낙안은 이름과 달리 즐겁고[樂] 편안한[安] 고을이 아니었다.

낙안을 떠난 장군은 벌교를 거쳐 초저녁에 국가의 양곡을 보관하는 조양창(보성군 조성면 조성리)에 도착했다. 창고를 지키는 사람은 없었다. 그러나 다행히 창고는 봉인된 채로 무사해 많은 군량을 확보할 수 있었다. 8월 14일 장군은 무기와 군량을 확보하기 위해 보성으로 길을 떠났다. 나 역시 2번 국도를 따라 장군의 길을 따랐다.

보성은 녹차의 고장이다. 산허리를 감고 돌아가는 둥글고 푸른 녹차밭이 바로 이곳 보성에 있다. 고승대덕이 산사의 바람을 맞으며 마시는 깊고 그윽한 녹차를 생산했던 녹차밭을 직접 보는 감흥도 말로 표현하기 어렵지만 잘 찍은 녹차밭 사진을 들여다보는 것만으로도 가슴에 청량한 기운 한 줄기가 절로 지나간다. 곳곳에 녹차와 연관된 안내판이 보였다. 녹차해수탕이 있다는 안내판이 보이고 녹차돼지고기 안내판도 보인다.

장군은 길을 재촉해 8월 17일 12척의 배를 인수하기 위해 보성을 출발, 군영구미(강진군 대구면 구수리)로 향했다. 그러나 경상우수사 배설이 군영구미로 배를 보내라는 장군의 명령을 어겨 장군은 부득이 가야 할 방향과는 반대로, 배가 있는 회령포까지 갈 수밖에 없었다.

회령포구의 정거운 모습. 장군은 이 작은 포구에서 겨우 12척의 배를 찾아냈다.
하지만 그 12척의 배가 한 달 뒤 무려 200척이 넘는 적선을 무찌르는 명량대첩의 기적으로 이어질 줄 그 누가 알았겠는가.

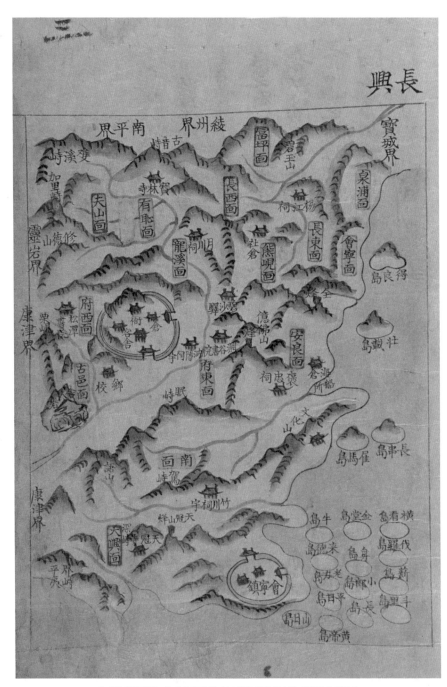

고지도 상의 장흥. 맨 아래에 장군이 12척의 배를 인수한 회령포가 보인다.

12척의 배를 확보하다

조선 수군은 칠천량에서 크게 패했다. 원균도 최후를 맞았다. 조선 수군은 궤멸당했다.

경상우수사 배설도 칠천량해전에 참가했다. 그러나 그는 전투 초기에 이미 도주했다. 그의 전선 12척을 지휘해 전장에서 빠져나왔다. 그 배가 회령포에 있었다. 장군은 급히 회령포로 향했다.

오늘날의 전라남도 장흥군 회진면 회진리가 그곳이다. 유명한 며느리바위, 부처님 모습의 바위가 있다는 억불산과 천관산이 회령포 근처에 있다. 그 옛날 장보고 선단이 배를 만들던 천관산 남쪽 널따란 간척지 너머가 회령포다.

경상우수사 배설은 이곳까지 도망쳐 와 숨죽이고 있었다. 바다는 회색이었다. 1597년 8월 18일, 장군은 이곳 회령포에서 12척의 배를 인수받았다. 그날 배설은 수질을 핑계 삼아 현장에 나오지 않았다.

나는 천천히 회진마을을 통과했다. 서울에서부터 이어진 3박 4일의 피로가 몰려와 마을의 포구 방파제에 차를 세웠다. 작은 어선 몇 척이 물살에 흔들리고 있었다. 가끔 그림에서 보던 포구 모습 그대로였다. 장군은 이 작은 포구에서 전선 12척을 찾아냈다. 그것이 조선 수군 전력의 전부였다.

나는 자동차의 거리계를 확인했다. 500여 킬로미터, 합천 초계에서 장흥 회진에 이르는 먼 길. 장군은 왜 곧장 회령포로 오지 않고 이 먼 길을 돌아서 왔을까? 꼬불꼬불한 당시의 길로는 2000리가 넘었을 먼 길을 돌아서 온 장군의 여정. 그 여정에서 나는 장군의 진면목을 보았다.

대장정의 숨은 뜻

아무것도 없었다. 남은 것은 달랑 임금의 교지 한 장뿐이었다. 다시 삼도수군 통제사가 되었지만 그에게는 군사도 전함도 없었다. 수습할 길이 막연했다. 온 갖 노력을 기울여 키운 조선 수군이 하루아침에 궤멸된 것도 견디기 어렵지만 그것을 재건할 방도가 없는 것도 고통이었다.

장군은 대장정을 결심했다. 어딘가에 열두어 척의 배가 남아 있다지만 그것을 찾는 게 급한 것이 아니었다. 처음부터 다시 조직해야 했다. 장군은 일부러 해 안에서 약간 떨어진 내륙 지방으로 방향을 잡았다. 해안보다는 내륙이 비교적 전쟁의 피해가 덜했기 때문이다. 장군은 초계에서 회령포까지 가면서 무슨 일 을 했을까?

첫째, 민심을 수습했다. 전투는 군사가 하지만 전쟁은 백성이 하는 것이다. 민 심이 흩어지면 전쟁에서 이기지 못한다는 것을 장군은 알고 있었다. 그런 만큼 민심 수습이 중요했다. 당시 장군은 그 존재만으로도 백성들의 구심점이 되었 다. 전쟁에 시달린 백성들은 누구를 가장 믿었을까? 한양에 있는 임금 선조도 아닌, 삼정승도 아닌, 장군을 믿었다. 장군의 복권과 부임은 그 자체로 백성들 에게 큰 힘이 되었다. 장군이 지리산을 중심으로 남부 지방 장정에 나서자 피란 민이 크게 줄었다. 또 장군은 길에서 만난 피란민을 위로하고 타일렀다. 자신을 믿고 생업에 열중하라고 당부했다. 이런 당부에 백성들은 술을 바치며 호응했 다. 장군은 "노인들이 길가에 늘어서서 다투어 술병을 가져다주는데 받지 않으 면 울면서 강제로 권했다"라고 《난중일기》에 기록했다.

둘째, 대장정을 하면서 군사를 모았다. 장군이 나타나자 도망갔던 군사들이 모 여들기 시작했다. 처음 초계를 출발할 때는 휘하 군관이 고작 아홉 명뿐이었으 니 각 고을을 돌 때마다 군사가 늘어났다. 장군이 복권되었다는 사실이 알려 지자 의병장도 늘어났다. 일부 승려들은 장군에게 의병 사령장을 써달라고 했 다. 장군의 인정을 받는 의병장이 되고 싶었던 것이다.

셋째, 행정력을 복원했다. 장군은 대장정 도중 각 고을 현감들과 자리를 자주

가졌다. 당시 고을 사또들도 크게 동요했다. 나라의 명운이 어찌 될지 모르는 판에 벼슬을 하고 있다는 것은 어쩌면 목숨을 재촉하는 행위인지도 몰랐다. 그러나 지방 현감들은 상군을 만나면서 불안감에서 벗어났다. 진주목사, 남해현감, 고산현감 등이 장군과 뜻을 같이했다. 물론 그 반대의 예도 있었다. 옥과현감은 병을 핑계로 장군을 만나지 않았고, 병마사 이복남은 창고에 불을 지르고 도망가기도 했다. 일찍이 칠천량에서 배 12척과 함께 도망쳐 온 경상우수사 배설도 회령포에서 배만 넘겨준 후 도망가고 말았다. 그러나 더 많은 현감들이 장군과 뜻을 함께하며 자신감과 행정력을 복원해나갔다.

넷째, 엄격한 군기를 세웠다. 장군은 휘하 장수 이몽구가 명령을 실행하지 않았다는 죄목으로 곤장 80대를 쳤다. 비록 한미한 군대지만 군율이 칼날처럼 서 있어야 한다는 소신의 발로였다. 이런 장군의 태도에 도망갔던 장졸들은 예전의 용맹함을 되찾았다.

다섯째, 무기를 모았다. 당연한 이야기지만 장군은 대장정을 하며 군사들이 사용할 무기를 수습했다. 그러나 그 수는 형편없었다. 1597년 2월, 장군이 한산도에서 체포될 때 원균에게 넘겨준 조선 수군의 전력에 비하면 2000여 리 장정으로 얻은 군사와 무기는 한심한 수준이었다. 체포될 당시 장군은 군량미 9914석, 화약 4000근, 천자포, 지자포 등 대포 300문, 그리고 300척 이상의 전선을 원균에게 인도했다. 그런데 지금은 마치 이삭줍기를 하듯 하나하나 모아야 했다.

적의 허를 찌르는 고난의 길

당시 장군이 대장정을 하며 전선을 정비하는 데 걸린 시간은 약 한 달이었다. 초계에서 칠천량 패전 소식을 처음 들은 것이 7월 18일, 장흥의 회령포에서 전선 12척을 인수받은 것이 8월 18일이니, 꼭 한 달이 걸린 것이었다.

그 급박했던 여름 한 달, 장군이 맨손으로 하나씩 조선 수군을 복원한 데는 당시 왜군의 치명적인 전략상 실수도 한몫했다. 칠천량에서 조선 수군을 전멸시켰을 때, 왜군은 그 여세를 몰아 서해를 통해 바로 한양으로 진격했어야 했다. 그런데 그들은 서해 바닷길 대신 육로를 선택했다. 즉, 하동, 구례, 남원, 전주를 거쳐 북상하는 길을 선택한 것이다.

바닷길로는 사나흘이면 갈 수 있는데 굳이 육로를 선택한 것은 장군으로서는 행운이었다. 이들이 한양까지 진격하는 데 걸리는 약 한 달간의 시간을 번 것이다. 만약 왜군이 서해를 통해 곧장 한양으로 들이닥쳤더라면 장군은 아무것도 수습하지 못하고 조선의 멸망을 지켜봐야 했을지도 모른다.

장군의 대장정은 그야말로 고난의 길이었다. 그러나 장군은 끝까지 포기하지 않았다. 어느 날인가 장군은 덕천강변에서 일단의 청년들을 데리고 군사 훈련을 실시하려고 했다. 장정 몇몇이 모였으나 이들이 탈 말도 없었고 훈련할 활과 화살도 없었다. 맨손의 장군 밑에 빈손의 장정들이 모였던 것이다. 장군은 주로 민가에 머물렀다. 가끔은 빈집에서 자기도 하고 지방 수령이 도망가버린 빈 관사에서 잠을 청하기도 했다.

동시에 장군의 장정은 매우 위험한 일이었다. 장군이 다닌 길은 왜적이 진군한 바로 그 길이었다. 적의 보급병이나 정찰병과 언제든 마주칠 수 있는 곳이었다. 그런데도 장군은 그 현장을 찾아다녔다. 오로지 민심을 수습하고 군사를 다시 모으려는 일념에서였다. 그 일을 장군은 직접 해낸 것이다.

장군의 대장정은 적의 허점을 찌른 대담한 작전이었다. 장군은 적의 동향을 살피는 것을 게을리하지 않았다. 곡성군 옥과에 머물 때는 송여립을 시켜 적의 동향을 살폈다. 적은 이순신이 바로 자신들 곁에 붙어 그들의 진격로를 따르면서 동향을 살피고 군세를 수습하리라고는 꿈도 꾸지 못했다. 위험을 무릅쓰고 적의 허점을 찌르는 대담함. 그것은 장군의 최대 장점이었다. 적진 바로 옆에서 아군을 수습하는데 적과 먼 후방에 있는 장정과 군사들이 왜 모여들지 않겠는가? 장군의 대담함은 그가 맨손의 삼도수군통제사에서 명량대첩에서 승리를 거둔 세계의 명장으로 우뚝 서는 데 밑거름이 되었다. 2000여 리의 대장정, 적의 턱밑을 파고드는 대담한 장정으로 장군은 회생의 기회를 잡았다. 그것은 전쟁의 물줄기를 되잡고 조선을 구한 대장정이자 무에서 유를 창조한 고난의 길이었다.

이순신과 서번트 리더십

이순신은 전투할 때마다 부하들은 물론 주민의 피해를 줄이기 위해 최선을 다했다. 전투에서 이기려는 궁극적인 목적은 백성을 보호하는 것이라고 믿었기 때문이다.

이순신은 당항포해전에서 일본 전함 30척을 격침한 후, 육지로 올라간 적의 패잔병이 도망갈 수 있도록 배 한 척을 남겨두라고 명령했다. 육지로 올라간 패잔병이 우리 주민에게 만행을 저지를 것을 방지하기 위해 적에게 바다로 도망갈 길을 터준 것이다. 이순신의 예상대로 육지에 있던 100여 명의 일본 패잔병이 다음 날 새벽에 남겨둔 배를 타고 바다로 나오자, 이순신은 미리 매복시킨 우리 수군으로 하여금 이를 섬멸토록 했다. 이순신이 한산대첩에서 적을 넓은 바다로 유인해 섬멸한 이유 중 하나도 왜군 패잔병이 육지로 도망가는 것을 막음으로써 우리 주민을 보호하기 위함이었다.

또 이순신은 떠돌아다니는 피란민들이 정착할 수 있도록 백성들을 잘 보살펴, 수많은 피란민들이 그를 따라다녔다. 그 때문에 이순신의 수군 본부가 있는 곳은 큰 고을처럼 번성했다. 백성들을 진심으로 보살핀다는 사실이 알려지자 적의 치하에 있던 사람들까지도 몰려들었다. 다음은 이순신과 같이 싸운 명나라 수군 장수 진린陳璘의 글이다.

이순신이 떠도는 이들을 불러오니 1만 호戶가 넘었으며, 적에게 붙었다가 도망쳐 돌아온 자가 1000명이나 되었다.

이순신은 스스로를 낮추고 백성들과 함께하려고 노력했다. 이순신은 백의종군하던 중 다른 사람의 종 집에서도 밤을 지냈다. 다음은 1597년 6월 1일 《난중일기》의 일부분이다.

날이 저물어 단성 땅과 진주 땅의 경계에 있는 박호원의 농사짓는 종의 집에 들어가니, 주인이 반갑게 대하기는 하나 자야 할 방이 좋지 못해 간신히 밤을 지냈다. 밤새도록 비가 내렸다.

이 일기를 쓸 당시 이순신은 백의종군 중이었으나, 지금의 해군 참모총장에 해당하는 삼도수군통제사를 역임했으니 굳이 하인의 집에 가서 밤을 지내지 않아도 되었다. 그러나 이순신은 스스로를 낮추고, 특권 의식을 배제했다.

400여 년 전 종들이 살던 집은 지금 우리가 살고 있는 집과는 비교할 수 없을 정도로 열악했을 것이다. 이러한 점은 최전방에서 잠도 제대로 자지 못하고 싸운 이순신 스스로 "방이 좋지 못해 간신히 밤을 지냈다"라고 기록했다는 사실에서도 잘 알 수 있다. 나는 《난중일기》에 나오는 종의 집이 있었다는 곳을 여러 번 찾아갔다. 그리고 마을 원로에게 이순신이 비가 새는 종의 집에서 저녁도 굶고, 밤새도록 모기에 시달렸다는 말을 들었다.

이순신은 이와 같이 스스로를 낮춰 많은 고생을 자초했지만, 그러한 과정을 통해 자연히 민초들의 어려움을 몸소 체험하고 백성 입장에서 생각하는 안목을 키울 수 있었을 것이다. 그 결과 종들이나 백성들도 이순신을 자신들과 동고동락하는 진정한 지도자로 여기고 따르게 되었다.

우리 수군이 일본 수군에게 궤멸당한 후 이순신은 다시 삼도수군통제사가 되었으나 백성과 함께하는 그의 자세에는 변함이 없었다. 이순신은 삼도수군통제사에 복귀한 지 이틀 후 지나가던 길에 피란 가는 사람들을 보고 "말에서 내려 피란민들의 손을 마주잡고 당부했다"라고 《난중일기》에 썼다. 그 당시 장군들은 일반 백성들 앞에서는 길을 비키라고 호령하면서 말을 그대로 타고 가는 것이 관행이었다. 그러나 이순신은 말에서 내려 손수 피란민들의 손을 마주 잡고 위로하며 자신을 믿고 생업에 열중해줄 것을 당부했다. 자신을 낮추고 백성들과 함께하는 이순신의 모습을 본 피란민들은 그를 진정으로 따르게 되었다.

다시 삼도수군통제사가 된 이순신은 수군을 재건하기 위해 혼신의 노력을 기울였다. 이러한 이순신의 모습에 감동한 피란민들은 빈손인 이순신을 여러 면에서 도와주려고 했다. 그들은 자신들이 피란 가서 먹으려고 아껴둔 술이나 음식까지 이순신에게 주려고 했다.

7년간의 임진왜란 동안 무수히 많은 백성들이 굶어 죽었다. 굶주림을 견디다 못해 우리나라 사람들끼리 서로 잡아먹었다는 끔찍한 기록이 있으며, 명나라 군인이 술을 먹고 토해놓은 것을 핥아먹으려고 많은 사람들이 싸우기까지 했다는 기록도 있다. 아수라장 같은 전쟁의 와중에 "피란민들이 주는 술병을 받지 않으면 울면서 강제로 권했다"라고 이순신이 《난중일기》에 기록할 정도로 백성들은 장군을 아끼고 도우려고 했다. 이는 그 스스로도 상상할 수 없는 일이었을 것이다. 이순신이 백성을 진심으로 아끼고 보살피자 이순신의 수군 본부가 있는 곳에는 피란민들이 따라와 민가의 수가 크게 늘었으며, 백성들도 군량 등 군수물자를 조달하는 데 적극 기여했다. 남을 위해 진정으로 봉사하고 헌신한다면 바라지 않아도 그 대가는 예상 밖으로 다양하게, 크게 돌아온다. 이에 따른 보람과 뿌듯함은 아주 클 수밖에 없을 것이다.

이순신은 백성이나 부하를 부림의 대상이 아니라 섬김의 대상으로 본 진정한 서번트 리더servant leader였다. 《서번트 리더의 조건》의 저자 알렉산더 버라디Alexander J. Berardi는 "역사상 가장 위대한 리더는 섬기는 것이 자신의 역할이라고 생각하는 사람들이며, 그들은 그런 섬김의 필연적인 결과로 리더의 지위를 떠맡았다. 간디, 테레사 수녀, 예수, 부처, 슈바이처 등과 같이 묵묵히 자신의 역할을 하면 역사에 이름을 남겼다. 그들은 보이지 않는 곳에서 즐거운 마음으로 봉사하다가, 직접 나서서 사람들을 지도해야 할 때 비로소 모습을 드러낸다"라고 서번트 리더의 특징을 설명한 바 있다.

이순신은 억울한 누명을 쓰고 백의종군하던 중에 우리 수군이 궤멸당하자 알렉산더 버라디가 지적한 바와 같이 '심기는 것이 자신의 역할'이라고 생각하며 죽음을 무릅쓰고 다시 삼도수군통제사라는, 누구도 맡기 싫어하는 독이 든 성배를 떠맡았다. 이후 이순신은 부하, 백성들과 하나가 되어 명량대첩과 노량대첩을 승리로 이끌어 나라를 구하고 전사했다. 이러한 점에서 이순신은 '서번트 리더'의 표상이라고 할 수 있다.

신뢰재信賴財의 가치

이순신은 위급한 전쟁의 와중에 빈손으로, 그것도 빠른 기간 안에 군사와 물자를 모았다. 또 많은 사람들이 "장군이 다시 오시니 이제는 살게 되었다"라며 스스로 돕겠다고 모여들었다. 어떻게 이것이 가능할 수 있었을까. 많은 사람들이 인간적으로 그를 믿었고, 연전연승한 장군의 능력을 높게 평가했기 때문이다.

이순신은 신뢰재 부자

물질적으로 가진 것은 적었지만 '신뢰'라는 재산을 크게 쌓았다는 점에서 장군은 정말 부자였다. 그가 주위로부터 신뢰를 받을 수 있었던 것은 정직하고 원칙에 충실한 몸가짐 때문이었다. 그는 출장 갈 때 지급받은 쌀이 남으면 반드시 도로 가져와 반납했다. 또 상관이 자기와 친한 사람을 무리하게 승진시키려 하자, 이를 저지한 적도 있다. 이런 성품 탓에 이순신은 윗사람에게는 미움을 사기도 했으나 부하들은 그를 진심으로 신뢰했다.

우리는 예부터 진퇴가 분명해야 훌륭하고 믿음직한 사람으로 여겼다. 이순신은 강직한 성품으로 세 번 파직당하고 두 번 백의종군했다. 이런 시련 속에서도 그의 인생관은 조금도 흐트러짐이 없었다. 이순신은 다음과 같은 말을 자주 했다고 한다.

장부로서 세상에 태어나 나라에 쓰이면 죽기로서 최선을 다할 것이며, 쓰이기 않으면 들에서 농사짓는 것으로 충분하다. 권세에 아부해 한때의 영화를 누리는 것은 내가 가장 부끄럽게 여기는 바다.

이순신의 부하 사랑 역시 남달랐다. 장수로서 품위가 없다고 모함을 받을 정도로 부하들과 마음을 트며 같이 일했다. 어려운 사람을 돕는 일에도 앞장섰다. 궁색한 사람에게 입고 있던 옷을 벗어준 일화도 있다. 이순신의 이같이 강직하고 따뜻한 성품과 백전백승의 전적으로 그를 믿고 따르는 사람이 많았다. 이순신은 오랫동안 쌓은 신뢰라는 재산을 바탕으로 위급한 상황에서도 군사를 모으고 전쟁을 승리로 이끌었던 것이다.

신뢰재의 힘

주위 사람들의 신뢰를 받는 사람이 예기치 못한 사건으로 사업에 실패했을 때 친지, 종업원, 거래 상대방뿐만 아니라 심지어는 채권자들까지 나서서 도움을 주어 재기하는 경우가 많다. 반면, 조그만 이익을 탐하다 신용을 잃으면 어려울 때 남의 도움을 받을 수 없음은 물론 잘나가다가도 일순간에 무너질 수 있다.

에너지 회사인 엔론은 창업 15년 만에 미국에서 일곱 번째 대기업으로 급성장했다. 그러나 분식 회계와 이를 숨기기 위한 로비, 거짓말, 임원들의 부정과 도덕적 해이moral hazard 등으로 투자자, 금융기관, 고객의 신뢰를 잃어 파산했다.

신뢰를 잃으면 국가도 큰 어려움을 겪는다. 우리가 IMF 구제금융을 서둘러 신청해야 했던 이유도 외국의 금융기관들이 우리를 불신해 융자해준 자금을 긴급히 회수했기 때문이다. 지금 우리의 외환 보유고가 적지 않다고 하지만 제2의 위기가 없으리라고 장담할 수 없다. 어떤 계기로 외국인들이 우리를 또 불신하게 되면 냉혹하게 다시 자금을 회수할 것이기 때문이다.

기업이 경쟁력을 높이려면 꼭 필요한 핵심에 집중하고, 나머지 부문에서는 다른 기업들과의 협력을 강화할 필요가 있다. 대외 신뢰도가 높은 기업일수록 좋은 파트너를 선택해 유리한 조건으로 제휴 관계를 맺을 수 있다. 정보·통신의 발달로 연구·개발, 구매, 생산, 판매, 물류, 애프터 서비스 등 다양한 분야에서 제휴와 아웃소싱outsourcing이 용이해지고 있으므로 기업의 대외 신뢰도 자체가 중요한 경쟁력의 원천이 된다.

불신이 팽배한 국가는 근본적으로 국제 경쟁력을 강화할 수 없다. 서로 믿지 못하는 사회에서 개인 또는 기업 간에 진정한 협력이 이루어질 수 없다. 또 거래 비용도 많이 든다. 많은 시간과 경비를 들여 만든 계약서라도 상대방의 기회주의를 완전히 막을 수 없기 때문이다.

군은 신뢰가 있어야 경쟁력 있는 가치 창출 공동체를 구축할 수 있다. 그래서 경제학의 거래 비용 이론에서는 신뢰를 중요한 재산으로 간주한다. 많은 연구 결과 신뢰 수준이 높은 국가나 기업일수록 경쟁력이 강한 것으로 나타났다.

신뢰재는 손해를 감수해야 축적된다

신뢰의 중요성에 대한 우리의 인식이 높아진 것은 사실이다. 그러나 실천 의지가 부족해 우리에 대한 외부의 신뢰도는 크게 개선되지 않았다. 기업 내 부정과 비리, 분식 회계 등으로 한국 기업의 가치를 낮게 평가하는 코리아 디스카운드Korea discount가 관행으로 자리 잡았다.

신뢰를 높이려면 당장 큰 손해와 희생이 뒤따르더라도 약속과 계약을 지키려는 강한 의지가 있어야 한다. 신뢰라는 재산은 대가 없이 얻을 수 있는 것이 아니다.

1789년 프랑스 대혁명 때 민중 시위대의 공격을 받은 루이 16세를 끝까지 호위하던 786명의 스위스 용병은 고군분투하다가 모두 사망했다. 이는 루이 16세가 스위스 용병들에게 "너희들은 프랑스 사람이 아니니 고향으로 돌아가라"라고 권유했음에도 긴급 회의까지 열어 목숨을 걸고 끝까지 신의를 지키기로 결정한 결과였다. 죽음을 무릅쓰고 지킨 신의 때문에 스위스 용병에 대한 신뢰가 높아져 이후 프랑스는 외인부대를 창설했다. 또 다른 많은 국가들이 스위스 용병에게 궁전 수비를 맡겼으며, 로마에 있는 바티칸 교황청은 지금도 스위스 용병을 위병으로 고용하고 있다.

미국에서 일어난 타이레놀 독극물 투입 사건에 대한 존슨앤존슨Johnson & Johnson 사의 대처 방안은 기업이 신뢰를 최우선으로 여김으로써 위기를 극복한 좋은 사례다. 1982년 미국 시카고에서 타이레놀을 복용한 사람이 사망하는 사건이 발생했다. 사건이 발생한 직후 존슨앤존슨 사는 기존의 매체 광고를 전면 중단하고, 언론에 모든 정보를 공개했을 뿐 아니라 소비자들에게는 사건 경위가 명백히 밝혀질 때까지 제품을 복용하지 말도록 대대적으로 홍보했다.

조사 결과 제3자가 독극물을 투입했다는 사실이 밝혀지자, 존슨앤존슨 사의 경영진은 미 전역에 유통 중인 타이레놀의 회수 여부를 놓고 고민에 빠졌다. 막대한 회수 예상 비용은 기업 파산을 불러올 정도였고, 회수를 포기하자니 소비자의 희생이 따르는 상황이었다. 결국 존슨앤존슨 사는 고객의 신뢰를 회복하기 위해 전국에 유통 중인 타이레놀 3000만 병을 수거해 폐기했다. 존슨앤존슨 사는 창사 이래 최대의 위기에서 고객의 신뢰를 가장 중시함으로써 3년 이상 재무적 어려움에 시달렸지만 세계 제일의 약품 회사로 성장할 수 있는 신뢰의 기반을 공고히 했다.

상처받은 신뢰는 기업을 위태롭게 한다

반면 일본에서 발생한 미쓰비시 자동차의 소비자 리콜 은폐 사건은 기업이 고객에 대한 신뢰와 정직성을 소홀히 함으로써 기업 이미지를 실추시키고 어려움을 겪은 예다. 2000년 8월, 미쓰비시 자동차가 부품 결함 등 소비자 불만 사항을 운수성에 보고하지 않은 채 리콜 요구에 미온적으로 대처해온 사실이 드러났다. 양심의 가책을 느낀 내부 직원이 일본 운수성에 회사의 리콜 은폐 사실을 제보한 것이 사건의 발단이었다. 미쓰비시 자동차 본사를 급습한 경찰은 직원 라커 룸에 숨겨져 있던 대량의 자료를 찾아냈다. 리콜 요구의 접수 내역이 적힌 자료엔 'H'라는 마크가 붙어 있었다. 조사 결과 이 마크가 비공개를 뜻하는 암호임이 밝혀졌고, 회사가 20년 넘게 자동차 결함에 대한 소비자의 불만을 숨겨왔다는 사실이 드러났다. 일본 법률엔 제품 결함이 발견돼 제조 업체가 리콜을 할 때는 운수성에 보고해 정보를 공개토록 규정되어 있음에도 미쓰비시 자동차는 서류를 조작해 일부만 보고해온 것이다. 나머지는 H 표시를 붙인 뒤 담당자가 차례로 인계해가며 비밀로 취급했다. 결국 미쓰비시 자동차는 은폐 사실을 인정하고 CEO를 교체하는 등 수습에 나섰지만 이미 땅에 떨어진 기업 신뢰도를 회복하지는 못했다. 미쓰비시 자동차는 이 사태로 세계 도처에서 약 200만 대의 리콜을 실시하는 엄청난 경제적 손실을 입고 경영권도 다임러-크라이슬러Daimler-Chrysler 사에 넘겨야 했다.

기업이 경쟁력을 강화하려면 고객, 협력 기업, 금융기관, 종업원, 주주의 신뢰가 필수적이다. 따라서 기업을 정직·투명하게 운영하는 것이 적어도 장기적으로는 가장 좋은 전략이다. 한번 한 약속이나 계약은 손해를 보더라도 반드시 지킨다는 자세를 가져야 한다. 그래야 지킬 수 없는 약속이나 계약을 함부로 하지 않게 되어 힘들게 쌓은 신뢰재를 낭비하는 일도 줄어들 것이다.

4장

명랑대첩의 승리를 견인하다

세계 해전사에 길이 빛나는 불가사의한 전투인 명랑대첩.
이순신 장군은 어느 누구도 이길 수 없다던 싸움에서
보란 듯이 승리를 거두었다.
장군의 정신과 리더십이 이끌어낸 승리였다.

황혼에 물든 울돌목.
육지와 섬 사이를 흐르는 물살이 서로 부딪치며 울음소리와 같은 소리를 내는데
그 소리가 10리 밖에서도 들렸다고 한다.

울어라 물길이여

잊을 수 없는 민족사의 현장 - 진도

백두산에서 대간과 정간, 그리고 정맥을 이루며 흘러내린 땅은 어디에나 산과 골과 들을 만들었다. 그리고 그 속에 사람들을 품었다. 그렇게 삼천리를 흘러 내리고도 미련이 남아 남쪽 바다 곳곳에 섬을 흩뿌려놓았으니 우리는 그 남쪽 바다를 일러 다도해라고 했다. 그 다도해의 서쪽 머리, 남해 서부이자 서해 남부인 곳에 소리와 그림의 섬, 진도가 있다.

진도아리랑과 진도씻김굿이 소리로 남았다면 남종화의 대가 허소치의 운림산 방은 그림으로 남았다. 진도 민중의 한이 진도들소리, 아리랑, 씻김굿 등으로 승화되어 우리 귓전에 맴돌고 있다면 첨찰산 아래 아늑한 운림산방은 품격 높은 남종화의 붓길이 그대로 스며 있는 곳이다. 그리고 빼놓을 수 없는 진도의 역사가 있다. 몽골의 침입에 맞서 끝까지 싸운 삼별초의 본거지가 바로 진도인 것이다. 비록 삼별초의 저항은 실패로 끝나고 그 정신조차 지금은 희미하지만, 진도는 여전히 우리 민족사의 잊을 수 없는 한 장면을 초라한 유적으로나마 담고 있다.

진도 가는 길은 멀다. 지도를 보면 우리나라 육지에서 위도가 가장 낮은 지역 중 하나가 바로 진도다. 육지의 처음이자 끝이라는 해남의 땅끝마을과 비슷한 위도에 자리 잡고 있다.

18번 국도는 강진, 해남 쪽에서 진도로 이어지는 길이다. 강진을 지나 해남 땅으로 접어들면서 마음이 벌써부터 바빠졌다. 남도 문화의 본고장 강진과 해남을 지나고 있는 것이다. 백련사, 다산초당 등 낯익은 이정표들이 발길을 자꾸만 붙들었다. 그러다가 어느 이정표 아래에서 잠깐 주저했다. 아마도 해남읍 들머리일 것이나.

화살표는 진도와 해남을 각기 다른 방향으로 가리키고 있었다. 잠시 해남의 유혹에 빠졌다. 그곳으로 가도 좋으리라. 대둔산 대흥사가 있고 수억 년 전 공룡의 흔적이 있으며 무엇보다 국토의 끝이자 처음이 있는 땅. 그곳으로 가도 좋으

진도는 남해와 서해의 갈림길에 있는 섬이다.
예로부터 독특한 문화를 형성해온 이 섬은 한국 문화의 깊은 우물 같은 곳이다. 아래는 남종화의 산실, 운림산방.

리라. 그러나 나는 잠시 미련을 접기로 했다. 이미 귓전에는 물살의 비명, 용틀임이 들려오고 있었다. 그래, 그곳으로 가리라. 울돌목, 물이 우는 그곳으로 가리라.

가장 전라도다운 길을 따라

목포에서 접근하는 길을 버리고 광주에서 곧장 13번 국도를 타고 나주, 영암, 강진, 해남으로 길게 우회하는 길을 따랐다. 군이 길게 우회한 까닭이 무엇이던가? 달은 산을 배경으로 떠야 한다. 그래야 달이 달다워 보인다. 월출산, 숲에 안개가 자욱한 승경을 잊을 수 없다고 이순신이 극찬했던 산이다. 마치 남녘 들판의 들불처럼 불쑥 솟아오른 월출산은 영암을 지나 산의 동쪽 옆구리를 지나며 바라보아야 제맛이다. 그 기운이 가장 잘 느껴지는 방위가 그곳이라고 나는 굳게 믿고 있다. 살 깊은 강진 냄새를 맡으며 해남으로 방향을 잡았다.

그 옛날 장군은 바닷길을 따라 서쪽으로 이동했다면 나는 육로를 따라 서쪽으로 향했다. 군이 내가 우회를 하면서 해남읍에서 진도로 가는 길을 잡은 까닭은 엉뚱한 데 있다. 어느 해 초겨울, 매서운 바람이 불던 날, 젊은 시절의 나는 이 길을 따라 진도로 가고 있었다. 해남을 지나 언덕 위로 올라선 나는 가장 전라도다운 풍경에 발걸음을 멈췄다. 가장 전라도다운 경사와 가장 전라도다운 색깔과 가장 전라도다운 언덕을 본 것이다. 해남군 황산면 언저리, 들판도 아닌 것이 언덕도 아닌 것이 부드러운 곡선을 이루고 있었다. 흙은 황토이고 붉은 빛이 돌았다. 어떻게 얼마나 붉었는지 모른다. 그냥 붉었다. 나는 그것이 전라도의 흙빛이라고 마음대로 단정해버렸다. 그리고 밑동이 하얗고 잎이 푸른, 통 큰 배추들이 언덕을 따라 자라고 있었고, 사람들은 그것을 수확하기에 여념이 없었다. 그때만 해도 이곳이 유명한 배추 생산지인 줄 몰랐다. 다만 붉은빛 도는 황토와 새파란 배춧잎의 마나, 그리고 이어실 듯 넓어실 듯 넘어가는 언덕의 곡선에 매료되었다. 그것은 그대로 전라도의 색깔이자 전라도의 그림이었다.

위: 멀리 있는 산을 유심히 볼 일이다. 들판의 불꽃처럼 보이는 월출산이다.
가운데: 한복을 곱게 차려입은 여인들이 강강술래를 하는 모습. 명량대첩 당시 철쇄를 돌리던 데서 유래했다는 주장이 있다.
아래: 황산의 황토밭. 남도의 정열과 예술혼, 그리고 장군의 애국충정을 상징하는 듯 붉은 기운이 감돈다.

울돌목과 명량대첩 기념관

우수영 자리는 작은 포구가 있는 아담한 마을이다. 이곳이 조선 수군 전라우 수영의 본거지였다는 것이 믿어지지 않을 만큼 '우수영 국민 관광지'는 아담하다. 우수영의 본영 터를 찾아볼까 해서 두리번거리는데 뾰족한 구조물이 눈에 들어왔다. 진도대교의 첨탑이다. 육지와 섬을 잇는 다리, 해남과 진도를 잇는 대교는 급류 위에 서 있다. 육지와 섬 사이 좁은 물길에서 물살은 한꺼번에 아우성을 치며 흘러가고 흘러온다. 빠른 조류가 좁은 물길을 지나면서 물살은 서로 엉켜 뒤섞여 소용돌이치며 흘러간다. 제 길을 잃은 물살은 서로 부딪히며 울었다. 그 울음소리가 10리 밖에서도 들렸다고 한다. 그래서 울돌목, 한자로 명량鳴梁으로 불렸다. 이러한 울돌목이 선박 통행의 편의를 위한 공사로 제 모습을 잃어 안타깝기 그지없다.

진도대교를 지났다. 다리가 재미있다. 해남 쪽에는 거북선이 다리 양쪽의 상징물로 서 있다. 진도 쪽에는 진돗개 두 마리가 다리를 지키고 있다. 한 마리는 흰색이고, 한 마리는 누런색이다. 역사와 천연기념물이 함께 다리를 지키고 있는 셈이다.

진도 쪽에는 명량을 한눈에 내려다볼 수 있는 전망대가 있다. 전망대 위에 서면 온 사방이 한눈에 들어온다. 진도의 섬 안은 물론이거니와 울돌목과 우수영 앞바다, 그리고 멀리 목포로 이어지는 서해 뱃길의 조망이 시원하다. 동쪽으로는 멀리 해남반도와 진도 사이의 바닷길이 아련하다. 그날 적들은 어란포 앞바다에서 출동해 저 바다를 새까맣게 물들이면서 쳐들어왔다. 그날 이 자리에서 망을 보던 조선 수군은 어떤 생각을 했을까? 바다를 가득 메우며 몰려오는 왜적과 고작 13척(이순신이 회령포에서 경상우수사 배설로부터 12척의 전선을 인수하였으나, 나중에 전라우수사 김억추의 전선 1척이 이순신 함대에 합류하여 전선의 수는 모두 13척이 되었다.─편집자 주)뿐인 장군의 수군을 바라보면서 조선의 백성들은 얼마나 두려웠을까? 그리고 장군은 또 얼마나 노심초사했을까? 과연 장군은 자신을 믿었을까? 고작 13척으로 200여 척(적선의 숫자에 대해서는 자료에 따라 큰 차이가 있다. 《이충무공전서》 행록에는 333척, 《징비록》에는 200여 척, 명량대첩비에는 500여 척, 《난중일기》에는 133척으로 적선

위: 울돌목 동쪽 풍경. 한없이 평온해 보이는 이 아름다운 바다에서 400여 년 전 이순신 장군이 이끄는
13척의 조선 수군과 200여 척의 일본 수군이 뒤엉켜 치열한 접전을 벌였다. 가운데: 진도 벽파진의 풍경.
아래: 진도대교. 지금은 진도대교가 산뜻한 모습으로 서 있지만 당시는 피비린내 나는 대전투의 현장이었다.

위: 해남 충무사에 있는 명량대첩비. 오른쪽은 명량대첩비각에 그려져 있는 거북선과 강강술래 모습.
아래: 울돌목 언덕에 서 있는 명량대첩 기념탑. 화강암 조각품의 기운이 당시 상황을 그대로 재현한 듯 생생하고 힘차다.

의 숫자가 기록되어 있다.─편집자 주)의 적선을 막아낼 수 있다고 믿었을까?

평일 오전, 울돌목은 조용했다. 그 흔한 단체 관광객, 수학여행단 하나 보이지 않았다. 진도대교 입구에는 명량대첩 기념관이 있다. 기념관 뒤 언덕 위에는 보물 제503호인 명량대첩 기념비가 서 있다. 기념비에는 숙종 때 대제학을 역임했고 이순신 자살설을 제기했던 이민서가 쓴 글이 새겨져 있다.

> 비록 옛날의 명장이라도 장군보다 더할 수 없었으며 또 늠름한 충의는 해와 달을 꿰고 귀신까지도 감동하게 함이 있었다. 장군이 있는 곳은 반드시 승첩이 있었으며 위엄은 왜적들로 하여금 무서워 떨게 했고, 의기는 중국을 흔들었나니.

기념관 뜰 일부에는 다양한 전투 장면들이 조각되어 있다. 또 명량대첩이 벌어진 날을 자세하게 소개하고 있다. 기념관 내부에는 거북선 내부 모형까지 전시되어 있다.

그러나 유감스럽게도 나는 그 어디서도 명량을 실감하지 못했다. 어린 시절, 처음 명량대첩을 교과서에서 읽었을 때도 전혀 실감이 나지 않았다. 책에는 12척의 배로 수백 척에 이르는 적을 쳐부수었다고 되어 있었다. 나는 당연히 그러려니 했다. 이순신이니까 수백 척이 아니라 수천 척의 적선이 쳐들어와도 이겼어야 했다고 믿었다. 그는 이렇다 할 설명도 없이 우리에게 주입된 신화의 주인공이었고, 신화의 주인공은 무조건 이긴다고 믿던 시절이었으므로. 지금도 그렇다. 이곳 명량까지 달려와 그날의 역사를 세세히 되새기건만 실감이 나지 않았다. 장군과 장군의 승리를 믿으면서도 실감이 나지 않는 것은 왜일까? 어찌하여 나는 그날, 1597년 9월 16일 명량대첩의 역사를 실감하지 못할까?

믿기 어려운 승리, 명량대첩

적선이 헤아릴 수 없을 만큼 많이 곧장 우리 배를 향해 옵니다.

명량해전이 벌어진 날 새벽, 장군은 별망군에게 이런 보고를 받았다.
우수영의 장군은 곧 전선 13척에 출동 명령을 내렸다. 그것이 오전 8시경. 명량
의 조류는 역조였다. 즉, 동남쪽에서 북서쪽으로 흐르는 조류였다. 해남 완도
쪽에서 쳐들어오는 적의 입장에서는 순류를 타고 있었다. 반면 장군의 조선 수
군 전선 13척은 역조를 헤쳐나가기 위해 돛을 올리고 노를 저어야 했다.
장군이 다시 삼도수군통제사로 임명되고 전선 12척을 회령포에서 인수받은 것
은 1597년 8월 18일, 명량전투가 일어나기 꼭 한 달 전이었다. 그 한 달 동안
장군은 서쪽으로 이동하면서 적과 서너 차례 전투를 치렀다. 본격적인 전투는
아니었지만 적군 척후선의 기습을 막아내며 승리를 거두었다. 작은 승리였으나
조선 수군의 사기를 진작하는 계기가 되었다. 그러나 장군은 오래지 않아 운명
을 건 대접전이 벌어질 것이라는 사실을 알고 있었다.

이 길목을 지키리라

장군은 명량을 선택했다. 천혜의 지형과 조류를 활용하기 위해서다. 명량해협의
폭은 평균 500미터지만 해협 양안에 암초가 있어 배가 다닐 수 있는 너비는 평
균 400미터에 불과하다. 명량해협 중에서도 울돌목은 너비가 300미터로 가장
좁다. 이순신은 13척의 배로 이곳에서 적의 공격을 저지하기로 결정했다.
명량해협, 해남과 진도 사이의 좁은 물길인 이곳은 우리나라에서 조류가 가장
센 곳이다. 서해를 거쳐 한강으로 진출하려는 적은 반드시 이 물길을 지날 것이
나. 여기서 소뉴반 살 나년 신노를 지나 녹포까지 누어 시간이면 도달할 수 있
는 지형 조건을 갖추었다. 이미 일본에서부터 조류를 잘 이용했던 왜군은 남해
안의 조류도 이용할 줄 알았다. 순류가 시작되자마자 왜군은 일제히 진도 쪽으
로 다가왔다. 적선 200여 척, 일본군 함대는 2킬로미터에 걸쳐 길게 행렬을 이루

고 있었다.

명량에서는 하루에 네 번 조류의 방향이 바뀐다. 오전에는 해남에서 목포 쪽으로 약 여섯 시간 동안 조류가 흐른다. 전문가들의 조사에 의하면, 오전 8시경이 조류가 가장 세다고 한다. 날이 밝자마자 왜군은 자신들에게 유리한 조류를 타고 왔다. 비록 이순신이 있다고 하지만 조선 배는 고작 13척, 200척의 대함대는 그냥 지나가기만 하면 될 것 같았다. 적은 조류를 타고 바람처럼 명량해협으로 들어오고 있었다. 당시 적은 선봉대와 중군, 그리고 후발대로 나뉘어 있었다.

장군은 우리의 배를 일자진으로 정렬시켰다.

"적이 비록 1000척이라도 우리 배에는 맞서 싸우지 못할 것이다. 일체 동요치 말고 맞서 싸워라."

장군은 조선 수군을 독려했다. 그러나 장군의 뜻과 달리 조선 함대의 전열은 무너졌다. 조선 수군은 명량의 급류 위에 멈춰 서 있기도 버거웠다. 물살은 끊임없이 배를 뒷전으로 몰아붙였다. 격군들이 죽을힘을 다해 노를 저었으나 배는 저절로 조금씩 뒤로 물러났다.

장군선 홀로 싸우다

200척이 넘는 적선은 마치 거대한 산처럼 밀려오고 있었다. 싸우기도 전에 조선 수군은 기가 꺾였다. 장군의 배를 제외한 나머지 12척의 조선 수군 배들은 전투를 시작하기도 전에 주춤주춤 물러났다. 장군은 전열과 대형을 유지하도록 독려했으나 역부족이었다. 조선 수군이 주춤주춤 물러날수록 적의 기세는 높아졌고 돌격 속도도 빨라졌다.

이미 칠천량에서 조선 수군을 궤멸시킨 경험이 있는 왜군의 기세는 높았다. 적이 다가오자 조선 수군의 전열은 무너졌고, 명량의 급류 위에는 이제 장군의 배 한 척만이 남았다. 적은 마치 쏟아져 들어오듯이 장군의 배를 향해 돌진해 왔다. 장군선의 병사와 격군도 동요하는 빛이 역력했다. 승리하기는 어려워 보였다. 아무리 이순신 장군이라지만 13척의 배로 수많은 적선을 감당한다는 것은 불가능하게 느껴졌다. 그나마 나머지 12척의 조선 전선은 이미 꼬리를 내린 상태가 아닌가. 그러나 장군은 꿈쩍하지 않았다. 밀려오는 적선을 바라보던 장군이 직접 북을 쳤다. 동시에 장군선의 화포가 일제히 불을 뿜었다. 대장군전이 날아 적선의 선두함에 꽂혔다. 적선이 기우뚱했다. 적은 조총으로 응사했다. 장군선의 뱃전에 적탄이 무수히 꽂혔다. 다시 화포 소리가 울리면서 어른 머리통만 한 돌이 날아갔다.

장군선이 발사한 단석이 적의 전함을 깨뜨렸다. 그러나 적의 기세는 수그러들지 않았다. 오히려 앞다투어 장군의 배를 향해 덤벼들었다. 선제 함포 공격에도 적의 전열은 무너지지 않았다. 멀찍이 물러나 있던 12척의 조선 수군들은 장군의 패배를 예감했다. 어선을 타고 전선으로 위장한 채 시위를 벌이던 피란민과 백성들 사이에는 이미 탄식 소리가 흘러나왔다. 모두가 장군의 최후, 조선 수군의 최후를 예감했다.

장군이 다시 북을 울렸다. 장군선에서 화포와 화살이 일제히 날아올랐다. 장군선의 화포와 화살은 왜군선을 정확하게 타격했다.

다시 장군선에서 화포 소리가 진동했다. 잠시 주위가 고요해졌다. 마치 수많은 박쥐 떼가 밤하늘을 나는 듯한 소리만 들렸다. "쐐아" 하는 소리가 명량 바다를 가득 메우는가 싶은 순간, 마치 벼락으로 콩을 볶는 듯한 소리가 들려왔다. 일제히 조란탄을 발사한 것이다. 조란탄이란 새알 같은 모양으로 주조한 철탄으로 천자총통의 경우 한 번에 400개에서 500개를 발사할 수 있다. 그것은 마치 기관포탄이 쏟아지듯 적의 배를 타격했다. 왜선단의 선두 함대가 장군선의 집중 포격을 받아 침몰했으며 그 뒤로 조류를 탄 다른 적선들이 들이닥쳤다. 적선들은 장군선을 향해 집요하게 덤벼들었다. 장군은 군사들을 독려하고 또 독려했다. 장군은 뒤를 돌아다보았다. 아직도 12척의 아군 전선이 뒤처져 미적거리고 있었다. 장군이 드디어 호각을 불게 하고 초요기를 세우니 거제현령 안위의 배가 먼저 오고 그다음에 중군장 김응함의 배가 왔다. 이때의 상황을 장군은 《난중일기》에서 자세히 밝히고 있다.

鳴梁海戰圖一

右水營

洋島

花源半島

珍島

'명량해전도' 1. 전투 초기의 상황도.
다른 조선 수군 배들이 뒤로 물러난 가운데 이순신 장군선 단독으로 왜군과 싸우고 있다.

나는 배 위에 서서 친히 안위를 불렀다. "안위야, 군법에 죽고 싶으냐, 네가 군법에 죽고 싶으냐? 도망간다고 어디 가서 살 것이냐" 하니 안위도 황급히 적선 속으로 돌입했다. 또 김응함을 불러 "너는 중군장으로서 멀리 피하고 대장을 구원하지 않으니 죄를 어찌 면할 것이냐? 당장 처형할 것이로되 적세가 급하므로 우선 공을 세우게 한다" 했다. 그래서 두 배가 적진을 향해 앞서나가자 적군들이 일시에 안위의 배에 개미 붙듯 먼저 올라가려 하니 안위와 그 배에 탄 사람들이 죽을힘을 다해서 혹은 모난 몽둥이로, 혹은 긴 창으로, 혹은 수마석水磨石 덩어리로 무수히 치고 막다가 배 위의 사람이 기진맥진하므로, 나는 뱃머리를 돌려 바로 쫓아 들어가서 빗발치듯 마구 쏘아댔다.

드디어 대첩을 승리로 이끌다

장군은 한참 동안 홀로 싸웠다. 왜선에 대항해 장군선이 선전하자 물러나 있던 조선 수군들이 움직이기 시작했다. 한 척, 두 척, 장군선 가까이 다가와 전투에 참여했다. 이제 조선 수군은 대오를 정비했다. 전투는 갈수록 치열해졌다.

그러던 어느 순간, 붉은 갑옷을 입은 적장이 바다에 빠져 있었다. 장군은 적장을 배 위로 끌어올렸다. 장군은 적장의 목을 베어 대장선에 높이 매달았다. 왜군들도 장군선에 내걸린 장수의 목을 보았다.

적선에서는 동요가 일었다. 돌격 함대 선봉 장수의 목이 이순신 장군선에 내걸렸으니 적이 동요하는 것은 당연했다. 반대로 조선 수군의 기세는 드높아져 거센 공격을 퍼부었다. 그렇게 치열한 공방전이 오가던 어느 순간, 갑자기 바다가 조용해졌다. 장군과 조선 수군 쪽으로 거세게 밀려오던 조류가 어느 순간 거짓말처럼 멈추었다. 정류였다. 모든 조류가 움직임을 멈추는 짧은 순간, 그 고요 속에 바다는 거대한 몸을 뒤채기 시작했다.

그리고 잠시 후 다시 바다가 울며 조류의 방향이 바뀌었다. 조선 수군을 향해 거세게 몰아치던 조류가 방향을 바꾸어 왜군을 향해 흘렀다. 왜군은 순식간에

鳴梁海戰圖 二

右水營

莘島

花源半島

珍島

'명량해전도' 2. 조류의 방향이 바뀌어 혼란에 빠진 왜선들을 순류를 탄 조선 수군이 공격하고 있다.

역류를 만났다. 또 한 번의 혼란이 적선에 밀어닥쳤다. 이미 진용을 잃은 왜선들은 조류에 밀리기 시작했다. 반대로 조선 수군은 순류를 탔다. 가만히 있어도 적을 향해 돌격할 수 있게 되었다.

"둥 둥 둥…."

장군선에서 북소리가 울려 퍼졌다. 조선 수군이 일제히 돌격을 감행했다. 그날 정오를 넘긴 시각이었다. 적선은 점차 왔던 곳으로 밀려갔다. 이미 대세는 기울어 있었다. 뒤처져 있던 왜군의 본대가 뱃머리를 돌렸다. 조선 수군과 피란민들 사이에서 함성이 올랐다. 장군은 추격을 금지시켰다. 그리고 적의 후미 선단이 명량을 완전히 돌아 나갈 때까지 꼼짝하지 않고 그들을 지켜보았다.

이것이 명량대첩이다. 명량해협으로 진입한 적선 중 31척이 격침되었다. 장군이 지휘하는 조선 수군은 단 한 척의 배도 잃지 않았다. 이 명량대첩으로 이순신은 빼앗겼던 제해권을 되찾았다.

정신과 리더십이 기적을 만든다

이순신은 명량대첩 하루 전 일기에 "이날 밤, 신인神人이 꿈에 나타나서 가르쳐주시기를 이렇게 하면 크게 이기고, 이렇게 하면 패하게 된다고 했다"라고 기록했다. 자면서도 12척의 전선으로 대규모의 적선을 무찌를 수 있는 방법에 골몰한 그의 간절한 염원이 신인이 출현한 꿈으로 표출된 것이 아닐까. 하늘은 스스로 돕는 자를 돕는다고 했듯이 이순신이 혼신의 노력을 기울이지 않았더라면 명량대첩에서 승리를 거두지 못했을 것이다.

없는 것을 탓하기 전에

명량대첩에 대비하기 위해 이순신이 밤낮으로 모든 힘을 아끼지 않을 때 선조는 12척의 배로 패배할 수밖에 없다고 판단했다. 이에 따라 임금은 이순신에게 수군을 없애고 육군에 합류하라는 지시를 내렸다. 이에 대해 이순신은 임금에게 다음과 같은 보고서를 올렸다.

임진왜란이 터진 이래 5, 6년간 적이 감히 호남과 호서에 쳐들어오지 못한 이유는 우리나라 수군이 적의 수군을 막았기 때문입니다. 지금 신에게는 아직도 12척의 전선이 있으므로 죽을힘을 다해 싸우면 적 수군의 진격을 막을 수 있습니다. 만일 지금 수군을 없앤다면 적이 바라는 대로 하는 것이며 적은 호남과 호서의 연해안을 돌아 한강으로 올 것입니다. 신은 이것을 두려워하지 않을 수 없습니다. 전선의 수가 적고 미미한 신하에 불과하지만 신이 죽지 않는 한 적이 감히 우리를 얕보지는 못할 것입니다.

여기서 우리는 군인 정신의 진수眞髓를 볼 수 있다. 12척의 전선으로는 패배할 수밖에 없다고 판단해 장수들노 도밍가고 임금미저도 전투를 포기하라고 명령할 정도로 위급한 상황에서도, 이순신은 "아직도 12척의 전선이 있으므로 죽을힘을 다해 싸우면 적 수군의 진격을 막을 수 있습니다"라고 오히려 임금을 설득하고 전쟁을 승리로 이끌었다.

이러한 이순신의 정신은 곧 기업가 정신의 진수라고 할 수 있다. 기업가란 없던 기업을 새로 만드는 사람이므로 무에서 유를 창조하는 고통을 피할 수 없을 뿐만 아니라 새로 세운 기업이 어떠한 어려움에 직면하더라도 이를 극복하고 키워나가야 한다. 따라서 인재, 기술, 자금이 부족하고 주위의 도움이 없더라도 이를 극복할 단호한 마음가짐, 즉 기업가 정신이 투철하지 않으면 성공한 기업가가 될 수 없다.

정주영은 '하면 된다'는 불굴의 도전 정신으로 현대그룹을 일구어냈다. 그는 여건이 안 돼서 하지 못한다고 말하는 직원들에게 "해보기나 했어?"라고 물으며 아무리 어렵다고 해도 도전해볼 것을 촉구했다. 그는 황량한 바닷가에 조선소를 짓기 위한 대규모 차관을 영국에서 도입해 1972년 현대중공업을 설립했다. 그는 차관 도입이 불가능해 보이는 상황에서도 끈질기게 노력했으며, 나중에는 500원짜리 지폐에 그려진 거북선까지 보여주면서 다음과 같이 A&P 애플도어의 롱바톰 회장을 설득했다고 한다.

"우리는 1500년대에 이미 철갑선을 만든 실적과 두뇌가 있습니다. 영국의 조선 역사는 1800년대에 시작된 것으로 알고 있습니다. 우리가 300년이나 앞섰습니다. 다만 쇄국으로 산업화가 늦어졌고 그동안 아이디어가 녹슬었던 것은 불행한 일이지만 잠재력은 그대로 가지고 있습니다."

빌 게이츠는 하버드 대학 재학 중 마이크로소프트를 창업했다. 학생 신분이었으므로 거의 빈손으로 회사를 만들어 지금은 세계 제일의 부자가 되었다. 스티브 잡스는 태어나자마자 버려져 가난한 양부모 밑에서 자랐으며, 학비가 없어 한 학기만 다니고 대학을 자퇴한 후 양부모 집 차고에서 애플을 창업해 세계적인 기업으로 만들었다.

스탠퍼드 대학 학생들이었던 휴렛과 패커드도 돈이 없어 패커드 부모의 차고에서 휴렛패커드를 창업해 세계적인 IT 기업으로 성장시켰다. 휴렛패커드가 창업된 차고는 기업가 정신의 상징이 되었으며, 이 차고에서 실리콘 밸리Silicon Valley가 탄생했다고 해서 미국의 기념물이 되었다. 또 "미국의 세계적 기업들은 차고에서 시작되었다"라는 말이 생겨난 계기가 되었다.

과연 무엇 때문에 가능했을까. 바로 투철한 기업가 정신이다. 새로 기업을 만들어 성공한 기업가들은 자금난, 인재 부족 등 어려움을 겪었지만 용기와 결단, 희생의 감수, 솔선수범, 끈질긴 추진력 등을 발휘해 이를 극복했다.

독일의 히든 챔피언 기업을 연구한 헤르만 지몬 교수는 "기업가 정신이 투철한 히든 챔피언 기업의 경영자들은 기업과 자신을 동일시하기 때문에 강력한 설득력을 보유하고 있으며, 특히 이들은 '회사의 영혼soul of the company'으로서 자신의 존재와 삶 전체를 걸고 기업을 운영한다"라고 했다. 그들은 부족한 것이 많더라도 글로벌 시장에 대한 도전을 두려워하지 않고 직원들에게 끊임없이 영감을 줌으로써 성공을 이루어낸다는 것이다.

이순신이 명량대첩에서 소규모의 함대로 일본의 대함대를 격파했듯이 우리 기업도 기업가 정신으로 철저히 무장하고 적절한 전략을 구사한다면 세계적인 기업과 벌이는 경쟁에서도 이길 수 있다. 그러나 지금 우리는 없는 것만 탓하는 일이 적지 않다. 돈이 없어서, 사람이 없어서, 시설이 없어서, 기술이 없어서, 그리고 배경이 없어서 할 일을 못한다고들 야단이다. 남들은 12척의 전선밖에 없다며 전투를 포기하려 했지만, 이순신은 "아직도 12척이나 있다"라며 임금과 부하를 설득하고 앞장서 싸워 승리를 거두었다. 기업가 등 모든 조직의 책임자는 물론 구성원도 이러한 이순신의 정신과 자세를 지녀야 한다. CEO로서 GE를 세계 초일류 기업으로 이끈 잭 웰치는 '어떠한 종업원이 마음에 들지 않는가'하는 질문에 대해 다음과 같이 대답한 바 있다.

"제일 눈에 거슬리는 것은 유리잔에 물이 반밖에 없다는 식의 자세입니다. '전에도 해봤지만, 안 됐습니다'라는 태도를 말하는 것입니다. '그건 못하겠습니다'라는 태도지요. 이런 사람과 같이 일하고 싶어 하는 사람은 없습니다."

이순신은 국가 존망의 위기 속에 사기가 크게 떨어진 패잔병을 수습해 명량대첩에서 기적과 같은 승리를 이끌어냈다. 이러한 위기 극복 리더십은 어려움에 처한 기업의 경영자에게 좋은 귀감이 될 수 있다.

이순신은 죽음도 두려워하지 않는 솔선수범의 모습을 보여줌으로써 장병들의 분투를 이끌어냈다. 이순신은 명량대첩 하루 전에 수많은 적선이 침입하고 있다는 척후 보고를 받은 후 부하들을 모아놓고 '죽기를 각오하면 살고, 살려고 하면 죽는다必死則生 必生則死'는 정신으로 싸워야 한다는 비장한 각오를 피력하고, 실제 전투에서도 홀로 고군분투하는 모습을 보여줌으로써 부하들의 동참을 유도했다.

박태준은 1968년 포항제철(현재의 포스코) 사장에 취임해 26년간 CEO로 일하면서 포스코를 세계적인 철강 회사로 키워냈다. 박태준은 일관제철소 기술과 건설 경험이 전무한 가운데 일본에서 받은 청구권 자금으로 허허벌판인 포항 영일만 백사장에서 빠른 기간 내에 완벽한 공장을 준공하기 위해서는 죽을 각오로 일해야 한다고 역설했다.

"10년간의 우여곡절 끝에 시작한 국가 숙원 사업에 동참한 긍지와 사명감을 가져야 한다. 선조의 혈세로 짓는 제철소 건설이 실패하면 책임자 몇 사람을 문책하는 데 끝나지 않고 역사에 씻을 수 없는 죄를 짓는 만큼 우리 모두 '우향우'해 영일만에 투신해야 한다."

　포항에서 서울을 향해 서면 동해는 오른쪽에 있으므로, 바다에 빠져 죽을 각오로 일에 매진하기를 당부한 것이다. 박태준은 완벽주의를 지향했다. 그는 제강 공장 건설 현장에서 지반을 다지기 위해 박은 파일이 콘크리트 무게를 지탱하지 못해 무너지는 것을 보고 현장 감독에게 "저게 파일이냐, 담배꽁초지. 부실 공사는 적대 행위다. 우리가 어떤 각오로 제철소를 짓고 있는지 모르느냐"라고 하면서 재시공을 지시했다.
　기업이 위기를 돌파하려면 누구보다도 먼저 기업의 리더인 경영자가 희생정신을 발휘해 솔선수범하는 수밖에 없다. 부도가 난 기업이라 해도 경영자가 모든 것을 걸고 진력하는 모습을 보여주면 종업원들이 기업 회생에 적극 나서는 경우가 많다.

빈틈없는 위기관리

　　임진왜란이 없었다면 우리는 이순신이 누군지 모를 것이다. 이순신은 혼탁한 세태 속에서 미관말직을 전전하다 전쟁의 위기가 다가오자 비로소 빛을 발했다. 임진왜란 발발 1년 2개월 전에 유성룡 등의 천거로 이순신은 종6품의 정읍현감에서 정3품인 전라좌수사로 발탁된 것이다. 한 번에 무려 7품계나 특별 승진을 한 셈이다.

　　이순신은 전라좌수사로 임명되자마자 현장을 누비면서 병력 충원과 훈련, 각종 무기의 제조와 군수물자의 확보, 전선 건조에 매진했다. 또 거북선 개발에 혼신의 노력을 기울여 임진왜란 하루 전에 화포의 시험 발사에도 성공해 드디어 거북선 개발을 완료했다.

　　임진왜란이 터지자 이순신은 더욱 철저히 적의 공격에 대비했다. 유성룡이 쓴 《징비록懲毖錄》에 이에 대한 글이 있다.

이순신은 진중에 있을 때 밤낮으로 한 번도 갑옷을 벗은 적이 없었다. 적의 수군과 대치하고 있을 때였다. 여러 배는 이미 닻을 내렸고 밤하늘의 달은 유난히도 밝았다. 이순신은 여러 장수를 불러놓고, "오늘 밤은 달이 몹시 밝다. 적은 간사한 꾀가 많으므로 달이 없을 때는 물론 달이 밝을 때도 역시 야습할 것이다. 적에 대한 경계를 불가불 엄하게 해야겠다"라고 말한 후 모든 배의 닻을 올리도록 명령했다. …많은 적선이 어두운 산 그림자 속을 거쳐 쳐들어왔으나 적은 우리를 범하지 못하고 도망쳤다. 여러 장수들은 이순신을 신으로 여겼다.

　　이순신의 부하들은 달이 매우 밝았으므로 적이 기습할 리 없다고 방심했다. 그러나 이순신은 밤이 깊어도 긴장의 끈을 늦추지 않고, 적의 기습 가능성을 하나하나 검토한 것으로 보인다. 그런 가운데 달빛이 밝다고 해도 달이 기울면서 생긴 산 그림자 때문에 어둠이 드리운 곳이 있을 수 있으며, 이곳으로 적이 기습할 가능성이 있다고 판단하고 미리 대비한 것이다.

극심한 위기 불감증으로 2014년 세월호 참사가 일어났다. 이와는 반대로 세계적 투자은행인 모건 스탠리는 위기에 철저하게 대비해 110층의 쌍둥이 빌딩이 순식간에 무너지는 참사 속에서도 피해를 최대한 줄일 수 있었다. 모건 스탠리의 본사는 이 빌딩에 있었으며 약 50개 층에 걸쳐 3500명의 직원이 일하고 있었으나 대다수는 살아남았다. 이 회사가 구축한 조기 경보 시스템과 평상시 실시한 대피 훈련 덕분이었다.

이순신은 위기가 실제로 발생하기 전에 이에 대응하기 위한 전략을 미리 마련해두는 등 위기 대비 면에서도 탁월한 리더였다. 이순신은 긴박한 위기 상황 속에서도 명량해협이라는 천혜의 요지를 전쟁터로 선택하고 지형과 조류를 활용하는 등 최선의 작전을 신속하게 마련해 적의 침략을 저지했다.

1597년 8월 18일 이순신은 회령포에서 12척의 적선을 인수한 후 9월 16일 명량대첩을 치렀다. 한 달도 안 되는 기간에, 그것도 곽란에 따른 통증과 인사불성에 시달리면서 이순신은 어떻게 최선의 대비책을 마련할 수 있었을까? 이순신은 이러한 위기가 있을 경우에 대비하기 위해 오래전부터 명량해협이 적을 막을 수 있는 천혜의 요지임을 알고 이곳을 이용한 최선의 대비책을 미리 마련해두었기 때문이다. 이러한 대비책이 있었기 때문에 그는 명량대첩 하루 전에 "한 사람이 길목을 잘 지키면 천 명도 두렵게 만들 수 있다一夫當逕足懼千夫"라는 말로 부하들의 분발을 촉구할 수 있었다.

이순신이 명량대첩에서 패배했더라면, 국가적으로 큰 재앙을 피할 수 없었을 것이다. 이와 마찬가지로 지금의 경제 상황도 한 번의 실수도 용납하지 않는 위기의 순간이 적지 않다. 성세 선생에서는 패사부활선이나 삼판양승의 기회가 주어지지 않는 경우가 많으니 위기에 철저히 대비해야 한다.

지금은 불확실성의 시대이므로 기업은 여러 가지 위험에 노출되어 있다. 기업 경영자는 위기가 닥치기 전에 미리 위기 신호를 포착할 수 있는 시스템을 갖추고 비상사태에 대비한 계획contingency plan을 소홀히 해서는 안 된다.

이순신은 옥포, 한산도, 부산, 명량, 노량 등 수많은 해전에서 일본 수군에 한 번도 패배하지 않았다. 또 그는 항상 우리 수군의 피해를 최소화하면서 승리를 거두었다. 우리 수군이 매번 완승을 거두자 부하들은 일본 수군을 깔보기도 했다. 이에 이순신은 "적을 업신여기면 반드시 패한다"라며 부하들이 자만하지 못하도록 철저히 타일렀다. 자만이야말로 모든 전쟁과 경쟁에서 패배하게 되는 가장 중요한 요인이다.

이순신은 패배할 수밖에 없는 무모한 공격은 하지 않았다. 임금인 선조가 적의 소굴로 쳐들어가라고 명했지만, 이순신은 임금의 지시였음에도 이를 따르지 않았다. 다음은 1594년 9월 3일의 《난중일기》다.

새벽에 밀지密旨(임금이 비밀리에 내리는 명령)가 왔다. 임금께서 "수륙 여러 장수들이 팔짱만 끼고 서로 바라보면서 한 가지라도 계책을 세워 적을 치는 일이 없다"라고 하셨지만, 3년 동안 해상에서는 그런 일이 없었다. 여러 장수와 함께 죽음을 맹세하고 원수를 갚으려고 하루하루를 보내지만 적이 험난한 소굴에 웅거하고 있으므로 경솔히 나가 칠 수는 없다.

한참 후에 또다시 선조가 무모한 공격을 명했으나 이순신은 따르지 않았다. 이것이 빌미가 되어 이순신은 감옥에 갇히고 백의종군이라는 곤욕을 치렀다. 이후 이순신 대신 삼도수군통제사가 된 원균이 임금의 지시에 따라 무모한 공격을 감행해 우리 수군은 궤멸하고 말았다.

이순신은 위험을 회피하기만 하지는 않았다. 오히려 꼭 필요하다고 판단되면 죽을 수도 있는 위험까지 스스로 감수하겠다고 나섰다. 명량대첩 전에 이순신이 12척의 전선으로 수백 척에 달하는 적선의 침입을 저지하려고 하자, 패배할 수밖에 없다고 생각한 임금은 수군을 없애고 육군에 합류하라는 지시를 내렸다. 이에 대해 이순신은 다음과 같은 글을 임금에게 올렸다.

만일 지금 수군을 없앤다면 적이 바라는 대로 하는 것이며, 적은 호남과 호서의 연해안을 돌아 한강으로 올 것입니다. 신은 이것을 두려워하지 않을 수 없습니다.

이순신은 적들이 전선을 타고 한강으로 가 한성을 점령하면 나라가 망할 수밖에 없다고 판단했다. 이러한 위기를 막기 위해 이순신은 죽음을 무릅쓰고 명량대첩의 승리를 이끌어냈다. 이순신은 기피해야 할 위험과 감수해야 할 위험을 정확히 판단해 위기에서 나라를 구했다.

명량대첩에서 이순신은 10배가 넘는 대규모의 일본 함대와 싸울 수밖에 없는 최악의 상황에서도 '이길 수 있는 조건'을 만들기 위해 최선을 다했다. 이순신은 지형, 조류 등 지리적 여건을 최대한 활용하기 위해 명량해협의 좁은 물목인 울돌목을 전투 장소로 택했다. 일본 전선 중 가장 크고 전투력이 강한 안택선은 물목이 좁고 수심이 얕은 울돌목을 쉽게 통과할 수 없어 직접 전투에 참여하지 못했으며, 규모가 작은 관선關船 133척만 전투에 참여할 수 있었다. 또 이순신은 유리한 위치에서 좁은 물목을 간신히 빠져나온 왜선에 집중 포격하고, 명량해협의 빠른 조류도 최대한 활용해 대승을 거두었다.

이와 더불어 이순신은 정신적인 전력에서도 '이길 수 있는 조건'을 만들었다. 이순신은 솔선수범해 부하들의 분투를 이끌어내고, 왜군 선봉 대장의 목을 베어 우리 수군의 사기를 크게 진작시켰다. 다음은 《난중일기》에 나온 명량대첩에 대한 기록이다.

일찍 투항한 왜인 준사가 내 배 위에 같이 타고 있다가, 바다에 빠진 적을 굽어보더니 그림 무늬가 있는 붉은 비단옷을 입은 자가 바로 안골포 적장 마다시馬多時(구루시마 미치후사)라고 말했다. 이에 내가 물 긷는 군사 김돌손을 시켜 갈고리로 낚아 올리자 준사가 좋아하면서, 분명 마다시라고 하므로, 곧 토막을 내어 자르게 하자 적의 기세가 꺾였다. 우리 배들은 적이 다시 범하지 못할 것을 알고, 일제히 북을 치고 함성을 지르면서 쳐들어가 지자포, 현자포를 쏘았다. 그 소리가 산천을 뒤흔들었고, 화살을 빗발처럼 쏘아 적선 31척을 깨뜨리자 적선이 퇴각하고, 다시는 우리 수군에게 가까이 오지 못했다.

임진왜란은 우리나라, 일본, 중국이 7년 동안 싸운 처절한 전쟁이다. 이 때문에 우리나라는 쑥대밭이 되었다. 이러한 국가 존망의 위기에서 이순신은 빈틈없는 위기관리로 나라를 구했다.

지금은 불확실성과 위기의 시대다. 지금과 같은 위기의 시대에는 지능지수IQ, 감성지수EQ뿐 아니라, 부하들을 이끌고 위기를 극복하기 위해서 얼마나 끈질기게 노력하는가를 나타내는 역경지수Adversity Quotient: AQ가 높은 이순신 같은 리더가 필요하다. 이순신은 철저한 위기 대비 태세, 자만을 경계하는 겸손함, 냉철한 리스크 평가와 계산된 위험 감수calculated risk taking, 선승구전 자세, 솔선수범과 희생정신으로 존망의 위기에서 나라를 구했다. 이순신은 동서고금을 막론하고 비슷한 사례조차 찾아보기 힘든 가장 위대한 위기관리의 리더라고 할 수 있다.

이순신을 따라가면 산다

지금 우리는 많은 분야에서 마음속 깊이 믿고 본받을 만한 지도자가 없다고 한탄한다. 그러나 역사가 과거를 통해 현재를 되돌아보는 거울이라고 한다면 우리는 이순신을 통해 진정한 리더에 대한 정의를 내릴 수 있다.

이순신이 억울한 누명을 쓰고 백의종군하는 사이 우리 수군은 일본에 참패당해 존폐의 위기에 처했다. 이후 다급해진 임금은 "패전의 욕됨을 당하니 내가 무슨 할 말이 있으리오"라고 자책하는 교지까지 내리며 이순신을 다시 삼도수군통제사에 임명했다. 빈손으로 수군을 재건해 기세등등하게 침공하는 대규모의 일본 수군을 막으라는 것이다. 이순신은 병력, 전선, 무기, 군량 등에서 역사상 가장 초라한 해군 사령관이 된 셈이다.

이 초라한 해군 사령관을 많은 피란민들이 전쟁터인 명량까지 따라갔다. 전쟁이 일어나면 피란민들은 전쟁터에서 되도록 멀리 도망가기 마련인데 오히려 반대 현상이 나타난 것이다. 피란민들은 아무리 전쟁터라고 하더라도 이순신을 따라가면 살 수 있다고 믿었기 때문이다.

이순신은 일본군의 추격을 피하면서 군사를 모았다. 이순신이 나타나자 도망갔던 군사들이 모여들었다. 관리와 백성들의 호응도 뜨거웠다. 이순신은 《난중일기》에 "관리와 백성들이 눈물을 흘리며 인사했다"라고 기록했다. 심지어 피란민들은 전쟁터인 명량까지 이순신을 따라왔다. 다음은 《이충무공전서》 권 9 행록 1에 기록된 글이다.

이순신은 몇백 적인지 헤아릴 수 없이 많은 피란선이 모여드는 것을 보고 피란민들에게 물었다. "큰 적들이 바다를 뒤덮는데 너희는 어쩌자고 여기 있느냐." 그러자 피란민들은 "저희는 다만 대감님만 바라보고 여기 있는 것입니다"라고 대답했다.

그러나 피란민들은 우리 전선은 10여 척에 불과하고 적선은 한쪽 바다를 메울 정도로 많은 것을 보고 "우리들은 다만 통제사 대감만 믿고 여기 온 것인데 이렇게 되니 우린 이제 어디로 가야 하오?"라고 하면서 서로 보고 서럽게 울었다. 그러나 우리 측 수군이 한 척도 침몰되지 않고 완벽한 승리를 거두자 '이순신을 따라가면 살 수 있다'는 백성들의 믿음은 더욱 더 깊어졌다.

전투가 벌어지기 전에 이순신은 피란민들에게 전쟁터에서 멀리 피해 가라고 타일렀다. 그러나 계속 이순신과 함께 있으려고 하므로, 이순신은 마치 우리 수군의 예비 함대처럼 피란선을 먼바다에 배치해 적이 우리를 얕보지 못하게 했다. 또 피란민들은 자신들의 식량과 옷을 갖고 와서 우리 수군을 도왔다. 현지 주민들도 군량 등 군수물자를 지원하고 해상 의병으로 이순신과 함께 싸웠다. 이와 같이 군민이 하나가 되어 이순신은 명량대첩을 기적과 같은 승리로 이끌 수 있었다.

이순신은 임진왜란의 마지막 전투인 노량해전에서 크게 승리했지만 전사했다. 좌의정 한음 이덕형은 임금 선조에게 다음과 같은 글을 올렸다.

노량해전의 승전 보고가 있던 날 군량을 운반하던 인부들이 이순신의 전사 소식을 듣고, 무지한 노약자들마저 눈물을 흘리며 조문까지 했으니, 이처럼 사람을 감동시키고 있는 것이 어찌 우연한 일이겠습니까?

많은 사람들이 이순신을 믿고 모여들었다. 피란민들까지도 살기 위해 명량대첩이 벌어진 전쟁터까지 따라왔다. 이순신은 전쟁에서 반드시 승리할 수 있는 능력이 있고 자기들을 잘 보살펴주리라고 굳게 믿었기 때문이었을 것이다. 이에 반해 임금인 선조가 서울을 버리고 중국에 도피하기 위해 의주까지 갔을 때 부하들의 수는 크게 줄어들었다.

리더가 되려면 남들이 신뢰하고 따라야 한다. 이순신이 주위에서 신뢰를 받을 수 있었던 것은 정직하고 원칙에 충실한 태도 때문이었다. 또 이순신은 장군으로서 필요한 핵심 역량도 골고루 갖추어 실력 면에서도 신뢰를 받았다. 이순신은 활쏘기 연습에 매진해 명궁이 되었으며, 꾸준한 학습과 연구로 병법, 전략, 전술, 행정에 통달해 장군으로서 필요한 핵심 역량을 갖추어 연전연승할 수 있었다. 이렇기 때문에 피란민들까지도 이순신을 굳게 믿고 전쟁터까지 따라갔던 것이다.

훌륭한 리더가 되려면 신뢰라는 재산, 즉 신뢰재를 쌓아야 한다. 남에게 인격적으로 신뢰를 받아야 함은 물론 자기 분야에서 꼭 필요한 핵심 역량을 쌓아야 한다. 지금과 같은 지식·정보화 시대에 자금, 시설과 같은 물적 자원보다는 경쟁자가 쉽게 모방할 수 없는 기술, 경영 능력, 조직 능력, 마케팅 능력, 디자인 능력과 같은 지식 자산에서 핵심 역량이 창출되므로 이순신같이 끊임없이 학습하고 연구해야 한다.

이순신과 5단계 리더십

이순신은 명량대첩 후에 쓴 《난중일기》에 '이번 승리야말로 천행天幸(하늘이 내린 큰 행운)'이라고 썼다. 이순신은 악조건에서 목숨까지 아끼지 않은 솔선수범, 뛰어난 리더십과 전략으로 큰 승리를 이끌어냈지만 모든 공을 하늘에 돌렸다.

이순신은 명량대첩을 앞두고 고립무원의 처지에 있었다. 이순신은 엄청난 중압감과 격무로 토사곽란에 시달리다가 인사불성이 되기도 했다. 이순신은 새벽 2시경부터 10여 차례나 토하기를 반복하고 밤새도록 앓았다고 일기에 기록했다. 심지어 바로 밑의 장수인 경상우수사 배설은 겁이 나 도망가버렸다. 이런 상황에선 이순신이라고 해도 좌절할 수밖에 없었을 것이다. 명량대첩 5일 전에 쓴 《난중일기》를 보면 당시 장군의 심정을 알 수 있다.

흐리고 비가 내릴 듯했다. 홀로 배 위에 앉아 있으니 이 생각 저 생각으로 눈물이 났다. 천지간에 어떻게 나 같은 사람이 있으리오. 아들 회가 내 심정을 알고 매우 괴로워했다.

그러나 이순신은 수많은 적선이 침입하고 있다는 척후 보고를 받은 후 부하들을 모아놓고 '죽기를 각오하면 살고, 살려고 하면 죽는다'라는 자세로 싸워야 한다고 다짐하고, 실제 전투에서도 맨 앞에서 싸웠다. 그러나 이순신이 탄 배를 제외한 나머지 배들은 주춤주춤 물러나기 시작했다. 다음은 《난중일기》의 기록이다.

내가 탄 배가 홀로 적진 속으로 돌진해 들어가면서 각종 총통을 마구 쏘아대니 소리가 마치 우레 치듯 했다. 그러나 적선들이 여러 겹으로 둘러싸고 있어 내 배에 있던 부하들은 서로 돌아보며 겁에 질려 있었다. 그리고 여러 장수들의 배를 돌아보니 그들은 먼바다에 물러나 있으면서 바라만 보고 앞으로 나오지 않았다.

이순신은 죽음을 무릅쓴 솔선수범과 탁월한 지휘 능력을 발휘해 겁에 질린 부하들의 동참을 이끌어냈다. 또 이순신은 지형과 해류를 이용하고, 우리의 강점으로 적의 약점을 집중 공략하는 뛰어난 전략과 전술로 기적과 같은 승리를 이끌어냈다. 그러나 이순신은 모든 공을 하늘에 돌렸다.

이순신은 승리의 공을 자신의 업적으로 생각하기보다 부하들의 공으로 돌리는 겸양의 미덕도 보여주었다. 그는 임금에게 승전 보고서를 올릴 때도 부하들의 공을 앞세웠으며 심지어는 종들의 이름까지 적어 전승의 업적이 함께 전투에 임한 부하들의 것임을 강조했다. 이에 따라 부하들은 마음속 깊이 이순신을 존경해 목숨도 아끼지 않고 열심히 싸웠다. 이순신이 보여준 겸양의 미덕이 어부, 농부, 종으로 이루어진 우리 수군을 무적함대로 만든 밑거름이 된 것이다.

저명한 경영 컨설턴트인 짐 콜린스 Jim Collins는 경쟁 기업을 압도하는 탁월한 성과를 내고 이를 오랫동안 유지하는 위대한 기업을 만든 리더들의 공통적인 특징을 연구했다. 그에 따르면 이들 리더들은 뛰어난 업무 능력, 팀워크 능력, 관리자로서의 역량, 비전 제시와 동기부여 역량은 물론, '헌신과 겸양의 미덕'이 있다는 것이다. 그는 '헌신과 겸양의 미덕'을 갖추어야 가장 높은 단계인 5단계 리더가 될 수 있으며, 이러한 리더는 매우 드물지만 위대한 기업을 만든다는 것이다.

5단계 리더는 불굴의 의지를 갖고 헌신적으로 일해 엄청난 성과를 올린다. 이렇게 값진 성공을 이끌어냈음에도 이들은 그 공적을 자기 자신이 아닌 다른 사람들에게 돌리며, 공적을 돌릴 수 있는 특정한 사람을 찾지 못하면 운이 좋아 성공했다고 겸손해한다는 것이다.

이순신은 이루 말할 수 없는 악조건하에서도 죽음을 무릅쓰고 명량대첩을 승리로 이끌었다. 또 이순신은 옥포해전, 한산대첩, 부산해전 등 수많은 해전에서 모두 승리하고 마지막 해전인 노량해전에서 대승을 이끌었지만 맨 앞에서 지휘하다 전사했다. 이순신은 목숨까지 바친 헌신으로 세계 해전사상 유례를 찾기 힘든 전과를 거두어 나라를 구했지만, 모든 공을 부하들과 하늘에 돌리는 겸양의 미덕을 보여주었다. 이순신은 5단계 리더의 표상이라고 할 수 있다.

큰 업적을 세우면 주위의 찬사에 도취되게 마련이다. 그 공을 다른 사람에게 돌린다는 것은 결코 쉬운 일이 아니다. 전쟁에서와 마찬가지로 치열한 국제 경쟁에서 승리하기 위해서는 기업의 리더뿐만 아니라, 구성원의 밀도 있는 노력이 필수다. 훌륭한 리더가 되려면 구성원의 헌신적인 노력 없이는 어떠한 성공도 지속될 수 없음을 잘 알고, 공적을 구성원들에게 돌리는 데 인색하지 않아야 한다.

5장

대해로 나간 거북

이순신은 적의 강점인 조총을 무력화하고,
적이 우리 배에 올라와 칼싸움할 기회를 봉쇄하기 위해
거북선을 만들었다.
거북선은 혁신 제품이었으며, 이순신은 혁신의 주도자였다.

임진왜란 당시의 거북선을 그린 '전라좌수영 귀선도'. 이후 거북선은 머리가 높아지는 등의 변화를 보인다.

국토의 푸른 눈, 여수

동네 이름만으로도 그 고을의 이미지가 떠오르는 경우가 많다. 여수麗水, 물빛이 고운 마을. 그 이름만으로도 여수에 매혹된다. 나는 여수에서 한 번도 흐린 날을 맞은 적이 없다. 갈 때마다 날씨는 맑았고 바다는 시리도록 파랬다. 햇빛부서지던 동백나무 푸른 잎 사이로 내려다보던 오동도의 용굴 바닷물빛은 푸르다 못해 검었고, 가도 가도 끝없는 돌산도 언덕도 청색이었다. 그 청색 언덕은 파란 하늘, 혹은 파란 바다와 만나 더욱 푸르렀다. 적어도 나에게 여수는 푸른 눈, 국토의 맑은 눈이다.

자산공원 장군상

순천에서 여수로 방향을 잡았다. 순천에서 여수까지 100리 남짓, 여수 가는 길은 곧게 뻗은 외길이다. 전라좌수사가 되어 여수로 부임한 이후 장군의 길도 따지고 보면 외길이었다. 장군이 전라좌수사로 임명받은 때, 장군이 바닷길로 여수에 닿았는지 육로를 택했는지는 확실치 않다. 그러나 나는 어쩐지 장군이 순천을 거치는 이 육로를 따라 부임했을 거라는 생각을 해본다. 지금은 넓은 4차선 도로지만 그때는 한두 사람 겨우 지날 수 있는 오솔길이었을 것이다. 그 길은 길고도 외롭게 먼 반도의 끝 여수를 향해 뻗어 있었을 것이다. 그야말로 실핏줄 같은 외길을 따라가며 장군은 자신의 운명을 예감하지 않았을까.

여수에 닿으면 가볼 곳, 가야 할 곳이 많다. 그러나 나는 제일 먼저 오동도로 달려갔다. 그 방파제를 넘어 섬으로 가기 위해서가 아니었다. 오동도 매표소 옆 오른쪽 계단을 올랐다. 숨이 막힐 정도로 가파른 계단을 오르면 자산공원이 나온다. 거기 장군이 서 계시다.

나라 땅 곳곳에는 장군의 동상이 서 있다. 초등학교 교정에도, 도시의 교차로에도, 서울의 세종로에도 장군이 서 계시다. 그중 나는 여수의 장군을 최고로 친다. 여수에 서 있는 장군의 모습이 장군의 진면목과 가장 닮았다고 생각하기 때문이다. 장군은 높다란 대에 서서 망망대해를 바라보고 있다. 장군은 남해와

위: 자산공원에 있는 이순신 장군 동상. 왼손에는 장검을, 오른손에는 북채를 쥐고 바다를 바라보고 있다.
아래: 여수 자산공원 일출정과 오동도. 자산공원에 오르면 바로 앞에 오동도가 보이고,
그 너머로 큰 바다가 펼쳐진다. 자산공원은 전라좌수영의 들머리인 셈이다.

여수 앞바다, 돌산도 너미 먼바다를 바라보고 셰시다. 장군은 자신의 모든 것을 건 남해 바다를 응시하고 있는 것이다. 그러나 나는 장군의 눈빛보다 장군의 손에 더 주목했다. 두 팔을 늘어뜨린 채 약간 벌리고 있어 마치 모두를 품을 듯한 자세다. 왼손에는 장검, 오른손에는 북채를 들고 있다. 호령하는 장군 대신 포용하는 장군상을 보여준다. 가슴의 분노와 사랑을 지그시 누른 채 여린 백성을 안으려는 모습을 자산공원 장군의 동상에서 볼 수 있다. 그래서 나의 장군은 호랑이 같은 용장보다는 고뇌하는 덕장의 이미지로 남아 있다. 더 깊이 보면 슬픔까지 느껴진다.

이 땅과 백성에 몸을 낮추었던 장군

자산공원에서 내려와 진남관 쪽으로 길을 잡으면 해안 도로를 지난다. 해안 도로 맞은편은 돌산도인데, 여수와 돌산도 사이 좁은 해로는 의미 있는 곳이다. 여수를 거쳐 서쪽으로 가려면 이 바닷길을 지나야 한다. 아니면 돌산도 가장 남쪽, 향일암 앞을 멀리 우회해야 한다. 한마디로 요충지인 것이다. 이 바닷길은 전라좌수영 본영인 진남관에서 빤히 내려다보이는 곳이기도 하다. 만약 여기가 적에게 넘어간다면 적은 전라좌수영 목에 칼을 댈 수 있을 것이다. 좌수영 시절, 장군은 이 바다를 철저하게 지켰다. 그 현장이 바로 종포, 여수 사람들이 '쫑포'라고 부르는 곳이다. 여기에 장군은 철쇄를 설치했다. 여수와 돌산도 사이에 쇠줄을 설치해 물 아래에 드리웠다가 유사시 그것을 잡아당겨 적의 배가 쇠줄에 걸리도록 만든 것이다. 철쇄 시설은 진남관 아래에 있는 충무공 기념관에 마치 아이들 장난감 같은 모형으로 만들어두었다. 나중 일이지만 명량대첩의 경우도 이 철쇄 사용 여부를 두고 학자들 간에 논란이 적지 않았다. 여수의 뜻 있는 분들도 철쇄 장치를 찾으려 애썼지만 아직까지 큰 성과가 없는 것으로 알려져 있다. 어쨌거나 지금은 종포 앞바다에 나가봐도 철쇄를 설치했던 흔적은 찾기 어렵다.

갯내음이 지겹도록 종포 앞바다에 서 있다가 진남관으로 올랐다. 진남관, 남쪽을 진압한다는 뜻의 집이다. 건물 높이 14미터, 한아름 기둥만도 68개, 국내 최

왼쪽: 여수 시내와 앞바다의 모습. 오른쪽: 여수와 돌산도를 잇는 돌산대교, 전라좌수영 오른쪽에 있다.

위: 진남관은 우리나라 최대의 단층 목조건물이다. 건물은 장군 이후에 지어졌으나 장군은 바로 이곳을
전라좌수영 본영으로 사용하고 군사들을 조련했다.
아래 왼쪽: 진남관 현판. 아래 오른쪽: 사람과 비교되는 진남관 기둥. 기둥은 모두 68개다.

대의 단층 목조건물이다.

진남관 처마 끝 선은 웅장하다. 이곳이 전라좌수영 본영, 장군이 집무하시던 곳이다. 이곳에서는 망궐례라고 하여 한 달에 두 번 대궐을 향해 예를 표하는 행사를 했다. 장군이 휘하 장수와 군졸들을 거느리고 북쪽을 향해 사은숙배할 때 장군은 누구를 향해 몸을 숙였을까? 선조라는 당대 임금 한 사람? 어쩌면 그는 자신이 밟고 온 나라 땅과 그 나라 땅 곳곳에 기대어 사는 흰옷 입은 백성들을 향해 몸을 낮추었던 것은 아닐까? 전라좌수사가 될 당시 이미 장군은 40대 중반으로 인생의 완숙기에 접어들어, 군주에 대한 맹목적인 충성도 한 단계 성숙했을 나이가 아니던가. 나는 장군의 충성을 자꾸만 확대해석하고 싶다. 당시의 복잡한 정치 상황은 접어두더라도 장군은 백두대간에서 뻗어 내린 나라 땅과 그 땅에 기대 사는 억조창생 모두에게 마음의 중심을 바쳤을 것이다.

진남관 뜰을 눈치도 없이 거닐었다. 그때 장군도 뒷짐을 진 채 온갖 생각으로 이 뜰을 거닐고 거닐었으리라. 그러다가 문득 하늘을 보니 해가 기울고 있었다.

거북배는 간 데 없고 - 현란한 선소

어떻게 할까? 내일로 미룰까? 아니면 그곳으로 달려갈까? 바쁠 것 없지만 미루었다가는 밤새 장군께 마음의 빚을 질 것 같았다. 내친김에 그곳으로 가기로 했다. 선소! 배를 만들던 곳이란 뜻이다. 사실 선소는 여수로 들어오면서 제일 먼저 들르는 것이 찾기가 오히려 쉽다.

순천에서 여수로 달리다 보면 여수 들머리에 석창 네거리라는 넓은 교차로가 나온다. 여기서 우회전해 조금 가다 보면 여수시 제2청사가 나오고, 이곳에서 좌회전해 바닷가로 슬쩍 빠져나가면 선소가 있던 곳에 갈 수 있다. 바로 여기서 거북선을 만들었다고 기록은 전하고 있다. 이곳에서 만든 거북선에서 장군은 임진왜란이 일어나기 하루 전날, 그러니까 일본 침략선들이 이미 부산으로 건너올 시각, 거북선의 화포 발사 시험을 하고 있었다. 옥포조선소, 미포조선소 등 세계 최고 수준의 현대적인 조선소를 구경해본 사람들은 선소를 찾을 때 미리 실망할 준비를 하는 것이 좋다. 거북선을 만든 곳이지만 거북선 제조와 관련된

위: 굴강 掘江. 이곳에서 거북선을 만들었다. 요즘은 새끼 숭어가 노닐고 있다.
아래: 선소의 장승. 장군 시대에도 이 자리에 서 있었는지 궁금하다.

거대한 시설이나 독특한 유물, 유적은 아무것도 없다. 선소는 그냥 굴강掘江이다. 포구 쪽에 둥글게 돌담을 쌓아 축구장 4분의 1만 한 공간만 만들었다. 이 둥근 작업장에서 거북선이 탄생한 것으로 추정된다. 이 근처에는 거북선을 매어두었던 계선주繫船柱, 벅수(돌장승) 6기, 그리고 수군들이 무기를 제작하고 칼을 갈았다는 세검정지洗劍亭址의 초석이 남아 있다.

선소 주변에는 누구의 솜씨인지 몰라도 한 칸짜리 풀무간을 재현해놓았다. 이순신의 조선 수군 병장기를 만들었다는 안내판이 붙어 있는데 민속촌 풀무간보다 못해 안쓰럽다. 차라리 풀무간 있던 곳에 터 표시만 해두었더라면 역사적 상상력이라도 발휘해볼 텐데, 마치 촬영용 세트처럼 만든 풀무간은 없는 것이 훨씬 낫겠다는 생각이 들었다. 문이 닫힌 세병관을 담 너머로 구경해보았다. 왜 우리는 문 걸어 잠그는 것을 좋아할까? 장군이 앉았을 툇마루에 나도 한번 앉아보고 싶건만. 다시 선소를 들여다보다가 이상한 느낌을 받았다. 선소 한가운데 물길에 미세한 변화가 있었다. 자세히 보니 손가락 길이만 한 물고기가 떼를 지어 선소를 헤집고 있었다.

"핫따, 뭘 그리 들여다봐 쌓소? 새끼 숭어 처음 보는가잉…"

중늙은이 하나가 반말도 아니고 온말도 아닌 말투로 툭 치고 지나갔다. 더 이상 토를 달지 않는 그 뒷모습에서 뱃사람의 체취가 묻어났다. 거북선이 처음 머리를 들던 그곳에 새끼 숭어들이 겁도 없이 놀고 있었다. 어째 고기 떼가 유영하는 모습이 잘 안 보인다 싶어 고개를 드니 아뿔싸, 건너편 화양 쪽에 있는 아파트에 환하게 불빛이 들어왔다. 선소 주변을 가득 메운 여관과 호텔도 현란한 조명을 밝히고 있었다. 이제 여수의 선소에 거북선은 없다. 대신 부자연스러운 흔적과 전설만 남아 있다.

나는 그곳을 빠져나왔다. 거북선 선소와 호텔의 불빛이 어쩐지 부자연스러웠던 탓이다. 여수에서 밤을 맞았다. 국토의 푸른 눈, 파란 보석인 여수 앞바다가 조금씩 까만 흑진주로 변해갔다. 장군은 저무는 이 바다를 얼마나 오래오래 바라보았을까? 마침내 거북선이 고개를 든 그날, 장군의 밤은 어땠을까?

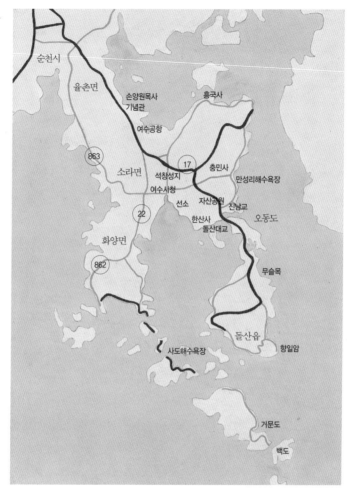

여수의 선소와 진남관 가는길

거북선, 머리를 들다

임진왜란, 이순신, 거북선, 이 세 단어는 마치 어원이 하나인 것처럼 익숙하게 붙어 다닌다. 이순신을 그린 어떤 그림이나 벽화에도 거북선이 등장한다. 노산 이은상 선생의 이순신 노래에서도 거북선 거느리고 호령했다고 묘사하고 있다.

임진왜란 당시 거북선은 세 척이 건조된 것으로 알려졌다. 전투에는 두 척이 참여했는데 이들의 최후에 대해서는 기록이 없다. 어느 해전에서 장렬한 최후를 마쳤는지 혹은 장군과 운명을 함께했는지 기록이 없다. 아마도 칠천량해전에서 격침되었을 것이다. 18세기 말 정조 대에는 40여 척의 거북선이 있었다는 기록이 있는 것으로 보아 거북선은 오랫동안 조선 수군의 중요 전력이었던 것만은 확실하다.

당시 조선 수군은 판옥선을 주력 진신으로 삼았다. 조선 소나무로 짠 판옥선은 일본의 안택선보다 훨씬 견고했다. 돛과 노를 이용해 달리는 판옥선은 화포를 장착한 함선이었다. 천자총통을 비롯해 지자, 현자총통 등 화포를 주력 무기로 탑재했다. 여기에 궁수와 총수, 그리고 노를 젓는 격군이 타고 있었다.

반면 일본군은 노련한 칼잡이들이 포진하고 있었다. 조총수와 함께 적의 배에 근접해 백병전을 벌일 병력이 타고 있었다. 일본군은 전국시대를 거치면서 숱한 전투를 치러 백병전에 능했다. 만약 이들이 조선의 판옥선에 뛰어오른다면 그다음 상황은 불을 보듯 뻔했다. 활과 대포를 쏘는 조선 수군은 칼솜씨가 능숙한 일본군의 근접전 상대가 되지 못했던 것이다. 여기에 거북선의 탁월한 점이 있다. 장군은 주력 전함이던 판옥선에 뚜껑을 덮고 쇠못을 거꾸로 촘촘하게 박고는 가마니로 위를 덮었다. 일본의 조총은 견고한 조선 소나무를 뚫지 못했다.

거북선이 접근하자 일본군은 반겼다. 이제야말로 적의 배에 온라타 근접진과 백병전을 마음껏 펼칠 수 있게 되었다고 생각한 것이다. 적들은 곧 밧줄을 걸어 거북선 등 위로 기어올랐다. 그러나 가마니 밑에는 쇠못이 있었다. 거북선에 오르는 것은 불가능했다. 위에 젖은 가마니를 덮어 화공에도 끄떡없었다. 거북선은 탁월한 돌격선이었다.

全羅左水營龜船

전라좌수영 거북선은 판옥선에 뚜껑을 덮고 용머리를 달았다. 용머리 아래에는 당파에 대비한 머리 구조물이 하나 더 있다. 기록에는 임진왜란 하루 전날 화포 시험을 한 것으로 되어 있다.

탁월한 돌격선 - 거북선

안택선 코앞까지 접근해 화포를 발사하자 적은 속수무책이었다. 특히 원거리 포 사격 전법을 주로 펼치던 장군에게 돌격선이 있다는 것은 그야말로 금상첨화였다.

장군은 어떻게 전쟁 전에 조총과 백병전을 선호하는 적에게 거북선이 가장 위협적이라는 사실을 알았을까? 당시 최신 일본 관련 문서는 신숙주의 《해동제국기》 정도로 이미 100년도 넘게 지난 자료였다. 그렇다면 그 전해에 파견한 통신사 일행에게 관련 정보를 들었을까?

해군사관학교와 남해군 노량에 가면 복원된 거북선을 볼 수 있다. 해군사관학교에 있는 거북선은 일반인이 구경하려면 복잡한 절차를 거쳐야 하지만 남해의 거북선은 누구나 쉽게 볼 수 있다. 이 거북선도 지난 1980년대에 해군 사관학교가 주축이 되어 복원했다. 그런데 이들 거북선의 외관은 아무래도 임진왜란 당시 장군의 거북선과 약간 다르다. 설계도를 보면 장군의 거북선은 거북의 머리가 뱃머리 높이와 거의 비슷하다. 지금처럼 거북의 머리가 높아진 것은 정조 때다.

거북선 안은 두 개 층으로 되어 있다. 2층은 당연히 전투 공간이고 아래층은 요즘 말로 하면 내무반이다. 그런데 거북선 내부는 구조가 매우 불편하다. 즉 거북선 1층은 배를 짓는 노 구멍과 포를 쏘는 포 구멍이 서로 얽혀 있다. 포를 쏘기 위해서는 노군들이 잠시 공간을 비워주어야 한다. 또 노를 저을 때는 포를 쏠 공간이 없다.

그렇다면 어떻게 전투를 했을까? 지금까지 나온 가장 설득력 있는 설명은 교대로 포를 쏘았으리라는 것이다. 1열, 3열, 5열이 포를 쏠 동안 2열, 4열, 6열은 노를 젓고 그다음은 반대로 하는 식으로 운용했을 거라고 예상한다. 또 거북선 후미 네 군데에는 포를 배치하지 않았는데, 여기서는 쉬지 않고 노를 저을 수 있었기에 전투를 위한 최소한의 동력을 얻을 수 있었다는 설명이다.

일본군은 대장선인 안택선을 중심으로 대형을 이루고 있었다. 해전에서 중요한 것은 적의 진법을 무너뜨리는 것이다. 거북선이 적진 한가운데로 들어가 그 진을 무너뜨리는 역할을 했던 것이다. 드물게 아군의 전선이 포위되면 구출 작전을 하는 것도 거북선의 임무였다. 전투의 최전선에서 혹독한 전투를 치러야 했던 거북선은 그만큼 시련도 많았다.

거북선과 일본의 인형극

고려대학교 일어일문과 최관 교수는 일본의 인형극 자료 하나를 발굴했다. 인형극 대본에 따르면 고니시 야주로란 일본의 장수가 조선 임금이 조공을 바치지 않자 조선을 침공했는데, 웅천으로 가는 바다에서 조선군과 맞닥뜨렸다. 그런데 조선군은 봇카이센沐海潛이라는 괴물을 앞세우고 있었다. 봇카이센은 머리에 괴물을 단 배였다. 고니시 야주로가 나가서 단칼에 괴물 배의 목을 쳤다고 되어 있다.

웅천은 지금의 진해 앞바다이고 고니시 야주로는 임진왜란 당시 조선 침공의 선봉장이었던 고니시 유키나가의 어릴 적 이름이다. 그렇다면 봇카이센은 무엇일까? 최 교수는 이것이 바로 거북선이라고 설명한다. 일본인들의 의식 속에 두려움의 대상으로 남은 것, 그래서 문학에서 봇카이센이라는 바다 괴물로 형상화된 것이 바로 장군의 거북선이라는 것이다. 이 인형극은 1700년대 초 오사카에서 초연된 것으로 알려져 있다. 이처럼 장군의 거북선은 일본인들의 의식 속에 충격과 공포의 강렬한 인상으로 남아 있다.

아직도 거북선은 많은 신비에 싸여 있다. 이 바다 어디에선가 장군의 거북선이 부활한다면 얼마나 좋겠는가? 갑판 곳곳에 조총 탄흔이 남아 있는 거북선, 돛대는 부러졌으되 거북의 그 부라린 눈동자만은 아직도 살아 있는 장군의 거북선을 만날 수 있으면 좋으련만. 임진왜란 해전을 승리로 이끈 일등 공신이면서도 적지 않은 아군의 피해를 감수해야 했던 거북선. 거북선은 신화가 아니다. 장군의 혜안이 만들어낸 무기였다. 그것도 적의 전술에 가장 효과적으로 대응할 수 있는 신제품이었다.

거북선과 4차원 경쟁력

　　이순신은 배를 만드는 기술자가 아니었다. 하지만 임진왜란이 터지기 전 이미 거북선같이 뛰어난 혁신 제품의 개발을 주도했다. 이순신의 조카로 수군에 종군한 이분李芬은 거북선의 탁월성을 이렇게 기록했다.

설사 적선이 바다를 덮을 정도로 많이 몰려온다 해도 거북선이 적의 선단 속을 출입 횡행하면 향하는 곳마다 적이 쓰러졌다. 그리하여 크고 작은 해전 때마다 이 거북선으로 언제나 승리를 거두었다.

　　기술자도 아닌 이순신이 어떻게 거북선과 같은 창의적인 제품의 설계와 제작을 주도할 수 있었을까. 이는 이순신이 일본 수군의 강점을 무력화하고 우리의 강점을 최대한 활용할 수 있는 전함 개발의 중요성을 절감하고, 기술자들과 함께 거북선 개발에 혼신의 힘을 기울인 결과였다. 이순신은 적의 강점인 조총을 무력화하고, 적이 우리 배에 올라와 칼싸움할 기회를 봉쇄하기 위해 배 위를 목판으로 덮은 거북선을 만들었다. 거북선의 목판 위에는 돛을 올리고 내리기 위한 좁은 십자로를 제외하곤 모두 쇠못을 꽂아 사방 어느 곳에서도 적군이 발을 디딜 수 없게 했다. 또 배 안에선 밖을 엿볼 수 있지만 밖에서는 배 안을 볼 수 없었고, 거북 머리와 꼬리 부분, 배의 좌우에도 화포를 쏘는 구멍이 있어 적이 거북선을 포위하기 힘들었다. 그야말로 거북선은 당시 획기적인 신제품이었던 것이다.

　　이 밖에도 이순신은 우리가 갖고 있던 승자나 쌍혈총통이 총신이 짧고 총구멍이 얕아 일본의 조총보다 성능이 뒤떨어진다는 단점을 보완해 새로운 정철총통을 개발했다. 그는 정철총통이 조총보다 월등함을 실증한 뒤 이를 전투에 사용하고, 정철총통의 견본과 주조법을 권율 등 육지의 장수들에게 보내 이를 활용하도록 했다. 신무기 개발을 위한 이순신의 집념이 엿보이는 대목이다.

우리가 신제품 개발 등 혁신을 성공적으로 추진하기 위해서는 무엇보다도 우리 자신의 의지와 노력이 중요하다. 에디슨은 발명에 성공하기 위해서는 1퍼센트의 영감, 99퍼센트의 땀과 노력이 필요하다고 말한 바 있다. 그는 초등학교도 나오지 못했지만 수많은 실패를 겪었음에도 끈질기게 노력한 결과 전구, 축음기 등 획기적 신제품을 개발할 수 있었다.

끊임없는 혁신이 성공의 열쇠

빨리 움직이는 과녁에 비해 고정되어 있는 과녁은 맞히기가 쉽다. 이와 마찬가지로 현상에 안주하는 개인, 기업, 국가는 경쟁자에게 곧 추월당한다. 따라서 우리는 끊임없는 개선과 혁신을 통해 남이 쉽게 겨냥하기 어려운 목표물이 되어야 하며, 그러기 위해서는 4차원의 경쟁력을 확보해야 한다.

가장 낮은 단계라고 할 수 있는 1차원의 경쟁력은 낮은 임금을 활용해 경쟁자보다 싼값에 만들 수 있는 능력이라고 할 수 있다. 과거 우리나라의 인건비가 저렴했을 때는 우리 기업들이 1차원의 경쟁력만으로도 해외에 수출할 수 있었다. 그러나 우리나라의 인건비가 크게 상승함에 따라 이러한 1차원의 경쟁력으로는 국제 경쟁에서 이길 수 없게 되었다.

2차원의 경쟁력은 인건비 상승에 따른 원가 상승 압력을 줄이기 위해 대규모 시설을 갖춤으로써 단위당 원가를 낮출 수 있는 능력이라 할 수 있다. 물론 우리 기업들은 원가를 절감하고 충분한 시장을 확보할 수 있다고 예상된다면 시설을 확대해야 한다. 그러나 시설 투자만으로는 경쟁력을 근원적으로 강화할 수 없다. 이는 무리한 시설 확장을 감행한 결과, 오히려 더 큰 어려움에 직면하거나 쓰러진 기업이 적지 않다는 사실에서도 알 수 있다. 또 많은 자금을 들여 확보한 대규모 시설은 이를 쉽게 바꿀 수 없으므로 대규모 시설에만 의존한 경쟁력은 마치 움직이지 않는 과녁과 같아 경쟁자의 좋은 목표물이 될 수 있다.

근원적으로 경쟁력을 강화하려면 혁신을 하지 않으면 안 된다. 즉, 신제품 개발, 품질 향상, 원가 절감을 위한 기술 혁신, 새로운 경영 방법을 도입하기 위한 경영 혁신, 새로운 판매 방법을 활용하기 위한 마케팅 혁신, 기업 내부의 효율성을 높이기 위한 조직 혁신, 참신한 디자인을 도입하기 위한 디자인 혁신, 애프터 서비스의 획기적 개선을 위한 서비스 혁신 등 많은 분야에서 혁신을 추진해 3차원의 경쟁력을 확보해야 한다.

더 나아가서 혁신 추진에 소요되는 시간을 단축해야만 4차원의 경쟁력을 확보할 수 있다. 혁신 속도가 경쟁자보다 느리면 경쟁에서 뒤지기 때문이다. 혁신의 시간 싸움에서 승리해 신속하게 움직여야만 경쟁자의 겨냥에서 벗어날 수 있다.

이순신은 임진왜란 발발 1년 2개월 전에 전라좌수사로 부임하자 거북선 개발에 박차를 가했고, 임진왜란 하루 전에 거북선에서 화포의 시험 발사에 성공해 거북선 개발을 완료했다. 이러한 사실은 임진왜란 하루 전인 1592년 4월 12일에 쓴 《난중일기》를 봐도 알 수 있다.

식후에 배를 타고 거북선에서 지자, 현자포를 쏘아보았다. 순찰사 군관 남공이 살펴보고 갔다.

이순신이 단시일 내에 거북선 같은 혁신 제품 개발을 주도한 사실에서 알 수 있듯이 정부, 기업, 대학 등 어떤 조직체든지 남보다 빨리 혁신을 추진하려면 지도자나 책임자가 위기의식을 가지고 발 벗고 나서야 한다. 저명한 경제학자 슘페터Joseph A. Schumpeter가 지적했듯이 혁신은 '창조적 파괴'를 수반해야 하므로 반드시 기존의 것을 없애거나 크게 바꿔야 하기 때문이다.

삼성전자 이건희 회장은 사장들과 함께 일본의 경쟁력을 상징하는 아키하바라秋葉原 전자상가를 둘러본 후 사장단 회의를 열어 진지한 토론을 한 결과 독일 프랑크푸르트에서 "나부터 변해야 한다"라고 선언하고 1993년 6월 7일

삼성 '신경영'을 출범시켰다.

그는 프랑크푸르트 회의에서 임원들에게 "마누라와 자식 빼고 다 바꿔라"라는 말을 하면서 철저한 변화와 혁신을 주문했다. "양에서 질로 전환하자"는 이 회장의 선언 후 삼성전자는 불량품 무선전화 15만 대를 모아놓고 '무선전화 화형식'을 하기도 했다. 삼성전자 최지성 부회장은 '국가도 기업도 개인도 변하지 않으면 살아남지 못한다'라는 결론을 얻었다고 한다. 그는 "항상 깨어 있으려고 노력한다. 아직도 거의 눈을 뜨고 잔다"라고 말했을 정도로 이 회장은 임직원들에게 위기의식을 불어넣었다.

'신경영' 선언 20년 후인 2013년 삼성전자는 스마트폰 판매량 1위, TV 매출 1위, 모니터 매출 1위, D램 매출 1위 등 세계 1등 제품 20개를 생산하는 세계적 기업으로 거듭났다. 이와 같이 눈부신 성과를 거두었음에도 이건희 회장은 또다시 위기와 싸워야 한다고 강조했다. 이건희 회장은 '신경영'을 선언한 지 20년 되는 해인 2013년 6월 7일에 '1등의 위기와 싸워야 한다'라는 내용의 이메일을 삼성 임직원들에게 보냈다.

지금 우리는 새로운 변화의 물결을 맞이하고 있습니다. 개인과 조직, 기업을 둘러싼 모든 벽이 사라지고 경쟁과 협력이 자유로운 사회, 발상 하나로 세상이 바뀌는 시대가 되었습니다. 앞으로 우리는 1등의 위기, 자만의 위기와 힘겨운 싸움을 해야 하며, '신경영'은 더 높은 목표와 이상을 위해 새롭게 출발해야 합니다.

세계적 초일류 기업 중에는 과거의 성공에 자만해 혁신을 게을리하는 성공의 함정success trap에 빠져 몰락한 예가 많다. 삼성전자가 성공의 함정에 빠져들지 않고 더욱 도약하기 위해서는 항상 위기의식을 갖고 경쟁 기업보다 먼저 혁신을 추진해야 할 것이다.

6장

빛나는 기록 정신의 산물,
《난중일기》

기록은 자료이며 정보다.

개인의 기록, 기업의 기록, 나아가 국가의 기록은 그 자체로 경쟁력이다.

장군의 빛나는 기록 정신이 있어 오늘의 그가 있는 것이다.

충남 아산의 현충사.
《난중일기》에는 두 가지 전적이 있는데, 그중 하나는 이 충무공의 친필 초고본으로 현충사에 보관되어 있고,
다른 하나는 《이충무공전서李忠武公全書》에 있다.

청동거울을 닦다

30여 년 전 어느 가을, 나는 홍류동 계곡의 단풍에 흠뻑 취해 해인사를 찾았다. 해인사가 최종 목적지는 아니었다. 그냥 소문난 가을 계곡에 흠뻑 취하고 싶었을 뿐이다. 해인사는 가을 계곡의 끝에 있었고, 나는 그 명성에 이끌려 절집 안으로 들어갔다. 그리고 큰 절집의 맨 위쪽 장경각에 들렀다. 둥근 입구를 들어서는 순간, 서늘한 느낌을 받았다. 그리고 거기서 고려의 대장경을 보았다. 서고를 가득 메운 나무 판각 경판은 무려 8만 1240장이라고 했다. 이 경판에 안팎으로 글자가 새겨져 16만여 쪽을 이루고 있다. 글자 수로는 5200만 자. 나는 그 분량의 방대함에 먼저 놀랐다. 그리고 그것을 하나의 오자와 탈자도 없이 새긴 각수들을 생각하며 경탄했고, 고려의 정신에 반했다. 부처의 말씀을 기록하는 것으로 국난을 이길 수 있으리라 믿었던 그 평화 정신에 고개 숙였다.

조선이라는 왕조는 500년 이상을 존속했다. 한 왕조가 500년 넘게 존속한다는 것은 보통 일이 아니다. 더구나 조선처럼 정치 세력과 제도가 복잡한 나라가 500년간 역사를 이어갔다는 것은 대단한 일이 아닐 수 없다. 그들만의 체제 유지 시스템이 있었다는 얘기다.

오늘날 우리는 조선의 역사에 대해 비교적 자세히 알고 있다. 500년 왕조의 모든 왕의 이름을 알 뿐만 아니라 그 왕들의 성격까지도 짐작할 수 있다. 그들이 몇 살에 죽었으며 후궁은 얼마나 되고 자식은 얼마나 되는지 비교적 상세히 알고 있다.

또 어떤 왕은 어떻게 왕위에 올랐는지 자세히 알 수 있다. 천하의 태종 이방원이 말을 타다가 떨어진 적이 있다는 것도 알고 있으며 철종은 강화에서 나무하던 떠꺼머리 총각이라는 사실도 알고 있다. 경종이 독살당했다는 심증을 굳히고 있으며, 성소는 수원까지의 거리를 100리로 줄이기 위해 길을 다시 닦았고, 태조 이성계는 사랑하는 신덕왕후가 죽자 매우 슬퍼했다는 사실도 알고 있다. 인왕산 치마바위에는 중종과 관련된 설화가 전해지며, 연산의 포악한 성격 역시 손안의 일인 듯 자세히 알고 있다. 우리는 어떻게 이런 자질구레한 사실까지 알

일기 쓰는 장군의 모습을 표현한 그림.
전황부터 개인적인 감정까지 담긴 그의 일기는 매우 세밀하며 솔직하다.

수 있을까?

《조선왕조실록》이 있기 때문이다. 국보 제151호인 《조선왕조실록》은 조선 태조에서 철종까지 무려 400년 이상의 역사를 그대로 기록한 세계적인 기록물이다. 1893권 888책의 대형 기록물인 것이다.

우리 조상들은 왜 이 기록을 남겼을까? 무슨 마음으로 그 긴 역사를 하루도 빼놓지 않고 그렇게 자세히 기록했을까? 왜 젊은 사관들은 목숨을 걸고 사초를 남겼을까? 그들은 기록의 힘을 알았던 것이다. 기록이란 후대에 역사가 되고 그 역사가 당대를 비추는 거울이 된다는 사실을 알았던 것이다. 또 다른 의미는 그 시대에 당장 경계가 된다는 점이다. 절대 권력자인 왕이 존재하던 시절, 자신의 행동과 말이 낱낱이 기록된다는 사실이 왕에게 얼마나 큰 압박이 되었을지 생각해보면 기록이 당대에 갖는 중요성을 짐작할 수 있다.

현충사 가는 길

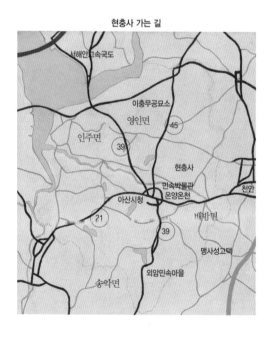

세계기록문화유산 - 2539일간의 기록

유네스코는 2013년 《난중일기》를 세계기록문화유산으로 지정했다. 국제자문위원회는 "전쟁 중에 해군의 최고 지휘관이 직접 매일의 전투 상황과 개인적인 감정을 담은 《난중일기》와 같은 기록물은 찾기 힘들며, 문장이 탁월하고 시대상도 잘 반영되어 있다"라며 높이 평가했다.

> 임진년 1월 1일.
> 맑다. 새벽에 아우 여필과 조카 봉, 아들 회가 와서 이야기했다. 다만 어머니를 떠나 남쪽에서 두 번이나 설을 쇠니 간절한 회포를 이길 길이 없다.

《난중일기》는 이렇게 시작된다.

이 일기는 장군이 임진왜란이 일어난 1592년 임진년부터 1598년 노량해전에서 최후를 맞기 이틀 전까지 있었던 일을 직접 쓴 기록물이다. 1592년 1월 1일부터 1598년 11월 17일까지 2539일간의 대기록인 것이다.

현충사에는 장군의 '친필초고본'이라는 《난중일기》가 각종 장계, 편지 등과 함께 국보 제76호로 지정되어 전해온다. 전시실 유리 속에 들어 있는 장군의 필체는 400년이라는 세월이 무색할 만큼 선명하다. 전문가가 아니면 알아보기 어려운 흘림체의 한문, 그러나 백지를 가득 메운 그 붓 자국에는 한 대장부가 갈구했던 '그 무엇'이 스며들어 있다. 수많은 목숨을 책임진 전장의 장수가 느낀 초조감과 두려움까지 그대로 전해진다. 현충사에 들르거든 반드시 장군의 일기 앞에서 오래 서 있을 일이다.

장군이 서거한 지 200년 후 정조대왕은 《이충무공전서》를 편찬하도록 했다. 이에 규장각의 윤행임과 예문관의 유득공이 이순신에 관련된 모든 자료를 취합해 《이충무공전서》를 편찬했다. 《이충무공전서》는 모두 14책으로 이루어졌는데 5권부터 8권까지 일기가 수록되어 있다.

장군의 일기는 매일 쓰이지는 않았다. 이유는 알 수 없으나 특별히 장계를 올리거나 다른 기록을 한 날은 일기를 쓰지 않은 것으로 보인다. 혹은 후세에 일기 중 일부가 누락되어 전해졌는지도 모른다. 그러나 7년 전쟁 중에 쓰인 85개월간의 기록으로 우리는 인간 이순신에 접근할 수 있다. 냉정하게 그의 일기만을 두고 보자면, 장군 역시 평범한 인간이었다.

그의 일기에 빠지지 않는 사항이 있다. 바로 날씨다. 초등학생들의 일기에도 날씨는 필수 사항이듯 장군은 빼놓지 않고 날씨를 기록했다. '맑다', '잠깐 맑다가 바람이 불고 온화하지 않다', '비가 오락가락한다', '흐리되 비는 오지 않는다' 등 비교적 세심하게 기록했다. 아마도 바다에서는 날씨가 매우 중요했으므로 빼놓지 않고 일기 맨 처음에 기록하지 않았나 싶다. '맑다'는 날씨에 관한 구절로 끝나는 일기도 있다. 이런 날은 장군이 몹시 피곤했거나 술이라도 한잔하신 날이 아닐까? 취한 채 일기를 펼치고 보니 할 말이 많아 차라리 날씨만 기록하고 덮었는지도 모를 일이다.

장군은 가끔 그의 일기에 시문을 남기기도 했다. 1593년 7월 9일의 일기에 적힌 시 한 수다.

> 바다에 달은 밝고 잔물결 하나 일지 않네
> 물과 하늘이 한 빛인데 서늘한 바람이 건듯 부는구나
> 홀로 뱃전에 앉으니 온갖 근심이 가슴에 치민다

진주성이 함락되고 논개가 순국하고 황명보, 김천일, 이종인, 김준민 등 조선의 명장들이 목숨을 잃은 지 며칠이 지난 후에 쓴 일기다. 그해 7월 장군은 유난히 심약해졌던가 보다. 며칠 후인 7월 15일의 일기에도 김 못 이두넌 당시의 어지러운 마음을 시로 남겼다.

> 가을 기운이 바다로 들어오니 나그네 회포가 어지럽네
> 홀로 봉창 아래 앉으니 마음이 몹시도 번거롭네

달이 뱃전을 비추니 정신이 맑아져 잠 못 이루는데
어느덧 닭이 우는구나

전쟁이 오랫동안 소강상태를 보이던 1595년 을미년 첫날의 일기는 코끝을 찡하게 한다.

맑다. 촛불을 밝히고 홀로 앉아 나랏일을 생각하니 무심결에 눈물이 흘렀다.

또 나이 여든이나 되신 병드신 어머니를 생각하며 뜬눈으로 밤을 새웠다.

나랏일을 생각하며 눈물을 흘리는 고관대작이 열 명만 되었더라면 조선은 전화에 휩싸이지 않았을지 모른다. 아마도 이런 대목에서 장군을 충효의 상징으로 삼는 게 아닌가 싶다.

장군이 체포된 정유년 1597년의 일기는 석 달 치가 빠져 있다. 옥에 갇혔으니 당연히 일기를 쓰지 못했을 것이다. 옥에 갇혀 죽을 날만 기다리던 장군. 조정에서는 장군의 거취를 두고 많은 말들이 오가는 중에 장군의 심경은 어땠을까? 그해 일기는 4월 1일부터 시작된다.

맑다. 옥문을 나왔다…

그날 풀려 나온 장군은 백의종군을 시작했다. 그리고 열사흘 후, 장군은 백의종군 도중 하늘이 무너지는 듯한 소식을 듣는다.

맑다. 아침 일찍 밥을 먹은 뒤 어머니를 마중 가려고 바닷가로 가는 길에… 조금 있으니 종 순화가 배에서 와서 어머니의 부고를 전했다. 뛰쳐나가 가슴 치며 발을 동동 굴렀다. 하늘이 캄캄했다. … 애통함을 다 적을 수 없다.

그리고 6개월 후 장군은 명량대첩에서 승리를 거둔다. 명량해전의 상황은 한산 해전과 달리 비교적 상세하게 기록되어 있다. 명량에서 대패한 왜군은 장군에게 복수를 하기 위해 장군의 가족이 있는 아산을 쳤다. 그리고 장군에게 씻을 수 없는 아픔을 남겼다. 그 아픔이 얼마나 깊은 것인지 1597년 10월 14일 일기의 전문을 옮겨본다.

> 맑다. 밤 2시쯤 꿈에, 내가 말을 타고 가는데 말이 발을 헛디뎌 냇물 가운데로 떨어졌으나 쓰러지지는 않고 막내아들 면이 끌어안고 있는 것 같은 형상이었는데 깨었다. 이것은 무슨 징조인지 모르겠다. 저녁에 어떤 사람이 천안에서 와서 집안 편지를 전했다. 봉한 것을 뜯기도 전에 뼈와 살이 먼저 떨리고 정신이 아찔하고 어지러웠다. 대충 편지를 뜯고 열(둘째 아들)의 편지를 보니, 겉에 '통곡' 두 글자가 쓰여 있어 면이 전사했음을 알았다. 어느새 간담이 떨어져 목놓아 통곡, 통곡했다. 하늘이 어찌 이다지도 인자하지 못한고! 내가 죽고 네가 사는 것이 이치에 마땅하거늘, 네가 죽고 내가 사니 이런 어그러진 이치가 어디 있는가! 천지가 캄캄하고 해조차 빛이 변했구나. 슬프다, 내 아들아! 나를 버리고 어디로 갔느냐? 남달리 영특하여 하늘이 이 세상에 머무르게 두지 않은 것이냐? 내 지은 죄가 네 몸에 미친 것이냐? 내 이제 세상에 살아 있어본들 앞으로 누구에게 의지할꼬? 울부짖을 따름이다. 하룻밤 지내기가 일 년 같구나.

장군 역시 어쩔 수 없는 아들이었고, 어쩔 수 없는 아버지였다. 어머니의 부고 앞에 쓰러지고 자식의 죽음 앞에 통곡하는 한 인간이었다.

그러나 장군의 《난중일기》 대부분은 공식 기록이다. 개인적인 감정이나 심경의 고백이 없는 것은 아니지만 일기의 주 내용은 공무에 관련된 것이다. 누구와 만나 의논을 했으며, 누구에게 무엇을 지시했는지, 그리고 진중에서 무슨 일이 일어났는지 세세히 기록했다. 더구나 장군이 만난 사람들을 당시의 직책과 실명으로 적어놓았다. 이는 다른 인물을 연구하는 데도 훌륭한 사료가 된다.

장군의 일기는 1598년 11월 17일을 마지막으로 그쳤다. 이날은 장군의 마지막 해전인 노량해전이 일어나기 이틀 전이다. 이 일기에서 장군은 아군 복병장이 왜군들을 남해에서 한산도 앞바다까지 쫓아간 사실을 적었다. 그리고 잡은 왜선과 군량은 연합군인 명나라 군사들에게 빼앗기고 우리 군사들은 빈손으로 돌아왔다는 사실을 기록하고 있다. 그리고 이틀 후 노량해전이 벌어졌고, 알다시피 장군은 그 바다에서 최후를 맞았다. 다만 장군이 최후로 남겼다는 말, 즉 "싸움이 한창 급하니 나의 죽음을 알리지 마라 戰方急愼勿言我死"라는 기록은 장군에 관한 또 다른 기록인 《이충무공전서》 중 《이분행록》에 나온다.

자신에 대해 철저히 기록한 장군, 장장 7년에 걸쳐 전장에서 일기를 쓴 장군도 자신의 최후에 대해서만은 쓰지 못했던 것이다.

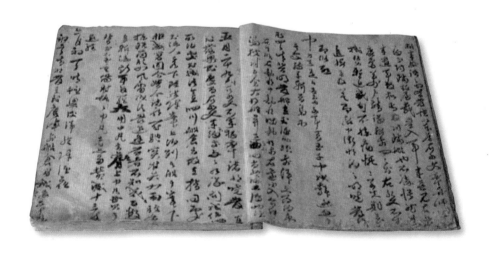

《난중일기》 초본. 이순신 장군의 친필 서체로 해석에 혼돈을 주기도 하지만 웅혼하고 거침없는 필체를 느낄 수 있다.

붓과 종이에서 찾은 구원

전쟁은 길었다. 그리고 참혹했다. 삼도수군통제사 이순신은 외롭고 괴로웠다. 단 하루도 편히 잠들지 못했다.

뒤늦게 나선 무관의 길. 오랜 기간 변방의 미관말직으로 떠돌다가 느닷없이 일어난 전쟁으로 나라의 운명을 혼자 짊어진 듯한 중압감에 시달렸다. 한 인간이 감당하기에 너무나 큰 고통이 그를 짓눌렀다. 전쟁 중에 그는 어머니를 잃고 아들도 잃었다. 수많은 부하를 잃었으며, 더 많은 백성의 죽음을 보아야 했다. 적은 잔혹하고 끈질겼다. 사람들의 마음에 평화와 여유는 없어졌다. 견디기 힘든 나날의 연속이었다. 장군은 어떻게 7년간 이어진 전쟁을 견뎠을까? 어머니와 아들의 죽음을 어떻게 감당했을까?

지친 장군을 견디게 한 것이 있었다. 그것은 붓과 종이였다. 장군은 일기를 썼다. 황촉불이 조용히 흘러내리는 방 안이 아니었다. 달빛이 곱디고운 평화로운 정자도 아니었다. 적의 호각 소리가 들리는 전장이었다. 적이 언제 야습해 올지 모르는 최전선이었다. 거친 파도에 끊임없이 흔들리는 뱃전이거나 수령이 도망간 빈 관사였다. 그런 곳에서 장군은 일기를 썼다. 전쟁터에서 장수가 쓰는 개인 일기. 작전 일지도 아니고 상황 일지도 아닌 개인의 일기. 그것은 결코 낭만이 아니었을 것이다. 두려움과 고통과 엄청난 스트레스에서 자신을 구원하려는 몸부림이었는지 모른다.

전쟁터의 외로운 장수, 그는 일기를 썼다. 그 백지를 보면서 무슨 생각을 했을까? 장군은 일기를 쓰면서 희망을 보았을까? 내일과 미래를 생각했을까? 어쩌면 매일매일 유서를 쓰는 절박함으로 일기를 쓴 것은 아닐까?

사람들은 마음의 거울을 닦기 위해 일기를 쓴다. 자신의 마음을 잘 들여다보기 위해 일기를 쓴다. 그러나 장군의 일기 쓰기도 청동거울을 닦듯 마음을 닦는 일이었을 것이다. 전쟁과 전투, 죽임과 죽음으로 점철된 시간, 그 고난의 시간을 견디게 해주는 유일한 돌파구였는지 모른다.

장군의 친필 일기를 보며 그 붓끝에 실었던 마음을 함께 느껴본다. 시공을 넘어 외로운 사내의 조용한 절규에 귀 기울여본다. 장군의 낮은 목소리, 《난중일기》 앞에서.

기록이 경쟁력이다

이순신은 7년간의 임진왜란 와중에, 때로는 토사곽란에 시달리면서도 일기를 써 귀중한 《난중일기》를 남겼다. 《난중일기》에는 전쟁에 관련된 많은 기록뿐만 아니라 당시 사회상에 대한 자료까지 담겨 있어 사료로서 가치가 높다.

그는 또 조정에 올린 장계狀啓에서도 전쟁 상황을 생생하게 보고했는데, 이 자료들은 현재 《임진장초壬辰狀草》로 남아 있다. 그 덕분에 우리는 400년이 지난 오늘날에도 임진왜란이 어떠했으며, 이순신이 어떻게 전쟁에 대비하고, 어떻게 이겼는지 비교적 상세히 알 수 있다. 그의 투철한 기록 정신이 엿보이는 대목이다.

우리의 고려자기는 세계에 자랑할 만하지만 과학 기술이 획기적으로 발달한 지금도 이를 똑같이 재현하지 못한다. 기록이 남아 있지 않기 때문이다. 가치 있는 지식이나 기술을 기록으로 남기면 국가와 후손들의 재산이 되는데 안타까운 일이다. 기록은 일의 효율성을 증대시키는 데도 중요한 역할을 한다. 지금 하고 있는 일을 꾸준히 기록함으로써 미래를 향한 지표를 만들어낼 수 있다.

《난중일기》에는 이순신이 전쟁에 대비하기 위해 취한 조치들이 기록되어 있다. 임진왜란이 터진 해인 임진년 정월 16일자 일기의 일부분이다.

방답의 병선 군관과 색리色吏들이 병선을 수선하지 않았기로 곤장을 때렸다. …

제 한 몸 살찌울 일만 하고 이런 일을 돌보지 않으니 앞날 일도 역시 짐작하겠다. …

만일 이순신이 《난중일기》를 남기지 않았다면 후세에 큰 문화유산을 물려주지 못했음은 물론 자신의 전쟁 준비에서도 시행착오를 거듭할 수도 있었을 것이다. 각종 업무를 기록하는 일지와 개인의 일기는 물론 주부의 가계부까지도 유용성이 있는 이유는 이 때문이다.

우리는 지금 기록을 소홀히 해 많은 손해를 보고 있다. 기술에 대한 상세한 기록이 없기 때문에 기술자가 그만둬버리면 똑같은 제품을 만들지 못하기도 한다. 10년 전까지 만들었던 제품도 보관하고 있는 기록이 없어 다시 만들지 못하는 일도 있다. 10년 전의 기술을 알지 못하는데 거기서 어떤 미래의 기술이 나올 수 있겠는가.

우리는 아주 못살던 나라에서 단기간에 급속한 경제 발전을 이룩한 까닭에 많은 후진국이 우리의 과거 기술을 구매하기를 원하지만 기록이 없어 판매하지 못하는 예도 있다.

어느 화학과 교수는 자기가 하고 있는 실험을 몇백 년 전 독일에서 했다는 사실에 흥미를 느껴 그 당시의 자세한 실험 결과를 본 적이 있다면서 그들의 철저한 기록 정신에 놀랐다고 한다.

지식 기반 구축과 활용

'아는 것이 힘'이라는 말은 지금같이 경쟁이 치열한 시대엔 '아는 것이 경쟁력'이라고 바꿔야 한다. 아는 것, 즉 지식이야말로 지식 정보화 시대의 경제 전쟁에서 이길 수 있는 가장 중요한 무기다. 이 때문에 지식 경영이 강조되고 있다.

지식은 꾸준한 기록을 통해 축적돼야 널리 활용될 수 있다. 종업원 개개인이 갖고 있는 지식을 모아 기록하면 회사의 지식이 쌓인다. 종업원이 나간다고 해도 회사의 업무에 지장을 받는 일이 없다. 회사 내에 지식 기반knowledge base을 잘 구축하면 해당 분야의 전문가가 없어도 일을 잘 처리할 수 있다.

기업은 여러 부서와 각 부서에 속한 조직원 간의 개인적 교류를 통해 발생하는 지식의 교환은 거의 기대하기 어려운 현실이다. 이런 한계를 극복하기 위해서 각 기업은 인트라넷intranet이라는 시스템을 도입해 개인의 지식을 활용하기 위해 많은 노력을 기울이고 있다.

인트라넷을 통한 지식 기반의 효율적 구축으로 경쟁력을 강화한 사례는 세계적인 경영 컨설팅 회사인 맥켄지의 경우에서 쉽게 찾아볼 수 있다. 지식 자체가 상품인 컨설팅업의 특성상 맥켄지는 지식 기반을 광범위하게 구축하기 위해 많은 노력을 쏟고 있다.

맥켄지는 전 세계에 퍼져 있는 컨설턴트들이 자신의 지식과 노하우의 기록과 문서화를 통해 지식 기반 구축에 참여하도록 유도하고 있다. 맥켄지는 인사와 평가에 지식 공유 노력을 반영하는 시스템을 갖추었을 뿐 아니라, 컨설턴트들이 지식을 독점하지 않고 적극적으로 공유할 때 인정받고 대우받을 수 있는 조직 문화를 조성했다.

이러한 지식 기반 구축에 힘입어 맥켄지의 컨설턴트들은 필요에 따라 산업별·기능별 현안과 첨단 지식을 인트라넷을 통해 손끝에서 파악할 수 있다. 이 결과 맥켄지의 컨설턴트들은 개개인의 한정된 지식이 아닌 회사 전체의 지식을 활용한 컨설팅 서비스를 고객에게 제공할 수 있는 것이다. 이렇게 제공되는 서비스의 질은 하루아침에 다른 기업이 모방할 수 없는 것이며, 이러한 고도의 지식 기반이야말로 이 회사가 오랜 기간 그 명성을 유지할 수 있는 경쟁력의 핵심이었다.

　　오랜 경험을 통해 자기는 잘 알고 있지만 남에게 설명하기 어려운 노하우 등 암묵적 지식tacit knowledge도 끊임없는 기록과 분석을 통해 남에게 쉽게 전달할 수 있는 명시적 지식explicit knowledge으로 바꿔야 새로운 지식의 창조로 연결될 수 있다. 지식 경영에서 앞선 기업들은 생산·판매·구매·인사·재무·회계 등 많은 업무의 처리 방법을 자세히 기록한 지침서를 만들어 실제 업무에서뿐만 아니라 종업원 교육용으로도 활용하고 있다. 우리도 이제 자신의 지식을 자신만을 위해 쓰다 소멸시킬 것이 아니라 철저한 기록 정신으로 더 큰 용도를 위해 남기는 지혜를 발휘할 때다.

7장

고난을 딛고 영웅이 되다

영웅은 태어나는가? 만들어지는가?
적어도 이순신은 만들어진 영웅, 그것도 스스로 만들어진 영웅이다.
수없는 좌절과 극복의 반복, 이것이 영웅 이순신의 인생이었다.

장군이 자란 집 옆에 서 있는 은행나무 두 그루. 이 나무 오른쪽이 바로 활터다.

방화신 기슭에서

얼핏 보이는 직선도 커다란 곡선의 일부일 수 있다고 했던가? 한때 국가 발전의 상징처럼 여겨지던 고속도로, 그 곧게 뻗은 길에 올라섰다. 햇빛을 받은 고속도로는 하얗다는 느낌으로 다가왔다. 서해안 고속도로, 국토의 서쪽을 길게 이어주는 길을 달렸다. 목적지는 현충사. 참으로 할 말도 많고 느낌도 많은 곳이다.

서울을 벗어난 지 반 시간 남짓, 커다란 구조물이 눈에 들어왔다. 모퉁이를 돌자 드러나는 거대한 구조물, 대형 교량. 너무 커서 다리라는 실감이 나지 않는 구조물, 그것은 서해대교였다.

장군이 지킨 바다 - 서해

장군은 서해 바다를 지키기 위해 얼마나 노심초사했던가? 왜적이 남해를 돌아 호남의 곡창지대를 차지한 후 서해를 따라 북상해 곧장 한강을 따라 도성으로 밀어닥치는 상황, 그것은 최악의 시나리오였다. 그래서 장군은 서해를 지키기 위해 최선을 다했다. 처음 임진년 전쟁이 벌어진 후, 장군은 거제도와 통영 사이의 좁은 물길 견내량을 지키기 위해 최선을 다했다. 한산도에 진을 치고 4년 가까이 버틴 것이다. 거제 동쪽은 왜군의 점령지였으나 거제 서쪽은 장군의 해방구였다. 이후 정유재란 때도 장군은 명량의 물길에서 적을 막아냈다. 그것으로 왜군의 서해 진출 야망은 좌절되고 말았다.

서해대교 위로 올라서자 길가에 차를 세워놓고 다리의 위용과 넓게 펼쳐진 갯벌, 바다를 구경하는 사람들이 보였다. 바람이 세찬지 그들의 머리카락과 옷자락이 사정없이 휘날렸다. 400여 년 전 한 장수가 이 바다를 지키기 위해 자신의 모든 것을 내던졌다는 사실을 사람들은 얼마나 알고 있을까?

서해대교를 지나자마자 송악 나들목으로 내려서면서 우회전했다. 곧장 삽교호와 삽교 방조제가 나타나고 뒤이어 아산, 천안 쪽으로 새로 난 4차선 도로가 여정을 이어주었다.

모름지기 현충사로 가려거든 624호 지방도를 이용할 일이다. 덕교천을 따라 이어지는 이 지방도의 명물은 바로 은행나무 가로수다. 이 길 옆에는 4차선 도로가 시원하게 나 있지만 나는 굳이 가로수길을 고집했다. 곧게 뻗은 은행나무는 원근법을 그대로 보여주었다. 옛날 문신의 집 앞에는 항상 은행나무가 서 있었다. 지금도 유서 깊은 서원이나 대학자의 생가 옆에는 고목이 된 은행나무들이 서 있다. 암수 은행나무 두 그루가 우람하게 서 있다면 그곳은 문관이나 대학자의 집이라고 보아도 무방하다. 길가 표지판에 현충사가 자주 등장했다. 가까워지고 있다는 뜻이다.

아산방조제. 이순신이 자란 아산은 바다와 가까운 곳이었다. 지금은 이 방조제가 그를 만나러 가는 길이 되고 있다.

마음만 내키면 불쑥불쑥 찾아 나섰던 현충사. 사람마다 현충사를 찾는 이유와 느낌이 다르겠지만 이곳에 오면 반갑게 느껴지는 것이 있다. 땡볕이 내리쬐는 한여름에도, 찬 바람이 매서운 한겨울에도 현충사 앞마당에는 참배객, 혹은 탐방객이 타고 온 차량이 서 있다. 일 년 365일 내내 누군가는 장군의 현충사를 찾는다는 사실이 반갑다. 평일이라 비교적 한산하겠지, 하며 찾아온 현충사의 넓디넓은 주차장이 온통 차량으로 가득했다. 특히 눈에 띄는 것은 관광버스. 마치 관광버스 전시장에라도 찾아온 느낌이다. 그렇구나, 수학여행 철이구나. 우리나라 어느 지역 어느 학교 수학여행지에도 결코 빠지지 않는 곳이 현충사 아니던가. 유치원생부터 고등학생까지, 수학여행단과 소풍단이 뒤섞인 현충사 앞마당은 그야말로 '판'을 벌여놓은 듯하다.

인솔 교사들이 한마디라도 더 아이들에게 장군에 대해 이야기하려 얼마나 애쓰는지 나는 모른다. 그래도 흡족해하기로 했다. 아산 방화산 자락에 우리 아이들이 이렇게 모여든 것만도 좋았다. 언젠가 저 아이들도 장군을 만날 것이다. 더 자라나서 세상과 만나고, 세상과 투쟁하고, 세상을 극복하는 과정에서 장군을 다시 만날 것이다. 그때 그들은 오늘을 추억할 것이다.

방화산 자락에서

현충사가 들어앉은 곳. 아늑하고도 넓은 곳이다. 풍수지리에 문외한인 나의 눈에도 참 좋은 자리라는 생각이 저절로 들었다. 방화산이 편안하게 앉아 포근하게 그 자락을 늘어뜨렸다. 멀리 아산 들판을 바라보고 푸근하게 펼친 산자락은 부드럽게 이어져 둥글게 감아든다. 방화산 자락이 흘러내리다 다시 감아 만든 아늑한 곳, 그곳에 장군을 모신 현충사가 있다. 서울에서 태어난 장군이 무과에 급제하기까지 살았던 마을에 그대로 현충사를 앉힌 것이다. 장군은 자신이 자란 곳에서 후손만대로 추앙받고 있는 것이다.

원래 현충사는 충청도 아산 선비들의 상소로 1707년(숙종 33년)에 서원 형식의 사당을 짓고 장군을 기리던 곳이다. 그러나 1868년 대원군의 서원 철폐령에 따라 최초의 현충사 사당이 자취를 감추었다. 그 후 일제의 억압으로 경제적 어려움에 처한 후손의 빚 때문에 장군의 묘소와 위토까지 은행 경매로 일본인의 손에 넘어갈 상황에 처하자 뜻 있는 인사들이 이 충무공 유족 보존회를 조직하고 국민 2만 명의 성금을 모아 은행 빚을 갚은 후 1932년에 다시 현충사를 건립했다.

그 후 1966년 성역화 사업으로 현재의 현충사 본전本殿이 신축되고, 구 현충사는 한동안 배전拜殿으로 사용되었다. 그 후 본전의 경내를 확대하기 위해 1968년에 유물관 옆 지금의 위치로 기와만 흑기와에서 청기와로 바뀌 옮겼다. 현재 아산 현충사에는 본전, 구 본전뿐만 아니라 옛집, 활터, 정려, 충무문, 충무정, 유물관, 충무 교육원 등이 있다.

현충사 본전. 장군의 영정을 모신 참배 공간이다.

아득한 장군의 공간

장군의 옛집을 찾았다. 잘 가꾼 잔디밭과 나무 사이에 장군이 살던 집만 덩그러니 서 있었다. 그래서 장군의 옛집은 외롭다. 아마도 성역화 작업을 하면서 마을 하나를 다 치워버린 것이 아닐까 하는 생각이 든다. 장군과 함께 살던 이웃집들이 옆에 있는 것이 성역화에 방해가 된다고 생각했을까?

현충사가 박제화되어 있다는 비판이 이는 까닭이 지나치게 잘 손질된 잔디밭과 장군과 직접적으로 관련되지 않은 역사와 유물은 배제한 그 옹졸함에 있는 것은 아닐까? 조선의 집답게 장군의 집에도 사랑채와 안채가 있다. 구조가 정갈한 집이다.

바로 고개를 돌리면 장군의 이미지를 그대로 만날 수 있다. 오래된 은행나무 두 그루가 대문 앞 왼쪽 언덕에 서 있다. 대학자를 상징하는 은행나무라 수령 500년이라는 간판을 달고 당당하게 서 있다. 비록 높지 않으나 나무는 세월을 고스란히 감싸 안은 채 아직도 젊은 자태로 서 있다.

은행나무 옆에는 장군 후손들의 무덤이 빛바랜 무덤 돌들과 나란히 서 있고, 그 반대편에는 활터가 만들어져 있다. 소년 순신은 이 나무 그늘 아래서 책도 읽고 이 활터에서 살도 날렸으리라. 그리고 지금은 그 후손들이 누워 있는 저 푸른 언덕을 오르내리며 풀빛보다 푸른 꿈을 가꾸었으리라.

천천히 본전에 올랐다. 앞서 오르던 젊은 연인이 농담을 했다.

"아이고, 힘들어. 본전 생각에 본전까지 안 가볼 수도 없고."

장군의 영정을 모신 현충사 본전 건물. 아, 장군은 너무나 멀리 있다. 높은 언덕 위 커다란 집 안에 장군을 모신 것이야 누가 나무랄까마는 장군의 집은 권위적이고 그 공간 역시 지나치게 위압적이다. 장군을 좀 더 친밀하게 모실 수는 없었을까? 어린 수학여행단과 함께 안내 도우미의 구령에 따라 장군께 예를 올렸다. 눈을 감고 숨을 멈춘 그 짧은 순간의 만남을 위해 찾아왔나 싶으니 아쉬움이 앞섰다.

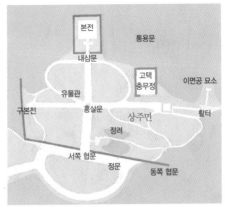

현충사 내부도

본전　통용문

내삼문

고택
충무정　이면공 묘소

유물관

구본전　홍살문　상주면　활터

정려

서쪽 협문　정문　동쪽 협문

이순신 장군이 살던 집. 지금은 공개되고 있다.

영웅은 만들어진다

영웅은 태어나는가, 아니면 만들어지는가? 이 질문에 대한 답은 장군의 일생을 좇다 보면 저절로 얻을 수 있을 것이다.

고려대학교 박물관에는 장군과 관련된 의미 있는 유물이 한 점 남아 있다. 이 박물관 고문서실에는 '병자년 과거방목'이라는 문서가 한 장 있다. 조선 조정이 발행한 공식 문서인데, 이 문서에 의하면 이순신은 32세 되던 해 무과에 급제했다.

뒤처진 출발

그런데 그 성적이 예상외다. 전체 합격자 29명 중 장군은 12등을 차지했다. 역사상 가장 뛰어난 인물인 장군은 장원급제 출신이 아니었던 것이다. 그리고 무엇보다 당시 문반 중심 사회에서 무관으로 벼슬살이를 시작했다. 이미 출발부터 주류에서 벗어났다. 이후의 벼슬살이 역시 순탄하지 않았다. 장군은 임관 10년 뒤에는 무과 동기생 밑에서 근무하기도 했다. 약 22년간의 벼슬살이에서 장군은 세 번의 파직과 두 번의 백의종군을 겪는 수모를 당했다.

1545년, 장군은 서울 건천동에서 태어났다. 건천동은 지금의 중구 인현동으로 알려져 있다. 16세기 중반, 조선은 암흑기를 지나고 있었다. 정쟁의 소용돌이에서 신진 사림파는 훈구 세력에 내몰렸다. 조광조 일파는 진작에 제거되었고 살아남은 신진 사류는 세상을 등졌다. 이른바 조선의 4대 사화가 진행되었고, 절정으로 치닫던 시절에 장군이 태어났다. 그해 을사사화가 일어났던 것이다. 왕실의 외척인 소윤과 대윤의 피비린내 나는 정쟁으로 신진 사림이 다시 화를 당한 비극이 을사사화다.

장군의 집안도 이런 사화에서 자유롭지 못했다. 할아버지가 기묘사화에 연루되었고, 아버지는 벼슬을 하지 않았다. 장군은 곧 서울을 떠나 외가가 있는 아산으로 내려갔다. 서울의 사대부 집안이 향리의 처가 혹은 외가를 찾아 지방으로 내려간다는 것은 곧 주류 사회에서 이탈한다는 뜻이었다.

장군은 무과에 급제하기까지 아산에서 자랐다. 그는 시골 사람이었다. 이미 사

화에 연루된 집안인지라 문관으로 입신하는 것은 포기해야 했다. 상대적으로
덜 까다로운 무관이 장군의 목표가 되었다. 28세에 처음으로 훈련원 별과에 응
시했으나 낙마하는 바람에 떨어지고 말았다. 부러진 다리를 버드나무 껍데기
로 싸매고 태연하게 대처했다는 것은 교과서에도 나오는 이야기 그대로다. 이로
부터 무관으로 정식 부임하기까지는 4년의 세월이 더 걸렸다.

북방에서 남단까지

절치부심의 세월이 흐르고 마침내 과거에 합격했다.

맨 처음 장군이 받은 벼슬은 함경도 권관으로 종9품의 그야말로 미관말직이었
다. 장군이 부임한 곳은 함경도의 동구비보董仇非堡, 머나먼 국경 수비대의 초급
장교였다. 동구비보의 '보堡'는 성도 아니고 진도 아닌 야전 초소와 같은 곳이
었다. 국경을 지키기 위해 4년 동안 추위와 싸우면서 여진족의 끊임없는 도발에
맞서야 했다.

무과 급제 교지.
32세에 무과에 합격하고 받은 과거 급제 증서다.

북쪽의 먼 국경에시 가족과 떨어져 근무하던 장군에게 훈련원 봉사라는 직책이 주어졌다. 역시 종8품의 미관말직이었다. 그 후 충청 병사의 군관을 거쳐 전라도 고흥 발포진의 수군 만호로 발령이 났다. 수군과 최초로 인연을 맺은 것이다. 그러나 2년 후, 장군은 파직당했다. 한성에서 온 군기경차관 서익이 발포의 군기가 엉망이라며 그를 파직한 것이다. 그러나 이 조치는 서익이 지난날 장군이 자신의 인사 청탁을 거절한 것에 대한 보복의 성격이 짙었다. 장군은 넉 달 만에 복직되었다.

마흔두 살의 장군은 또다시 북행 길을 떠나야 했다. 이번에는 함경도 조산보 만호로 전근했다. 그다음 해에는 두만강 어귀의 녹둔도 둔전관에 임명되었다. 끊임없이 국경을 넘어오는 여진족을 막기에 녹둔도의 병력은 너무 빈약했다. 장군은 병력 증강을 요구했지만 묵살당했다. 그 틈에 적이 쳐들어와 많은 양민들이 피해를 입었다. 이 전투에서 장군은 포로 60여 명을 되찾기도 했으나 절도사는 피해의 책임을 장군에게 물었다. 장군은 해임되어 백의종군하게 되었다. 첫 번째 백의종군이었다.

일본에서는 도요토미 히데요시가 천하를 통일했건만 조선 조정은 당파의 정쟁으로 날이 새고 저물었다. 그 여파는 장군에게도 그대로 미쳤다. 46세이던 1589년 장군은 정읍현감에 임명되었다. 종6품이었다. 8개월 후, 장군은 고사리진 병마첨절제사로 임명되었다. 육군의 일선 지휘관이었다. 그러나 장군은 부임하지 못했다. 대간들이 반대 상소를 올렸던 것이다. 너무 빨리 종6품에서 종3품으로 진급했다는 것이 반대 이유였다. 한 달 후 만포진 첨사로 임명되었으나 또다시 사간원의 반대로 부임하지 못했다. 만약 정계에 든든한 후원자가 있거나 세력 있는 당파에 소속되었더라면 장군의 인사에서 발령과 취소의 해프닝은 적었을지 모른다.

임진왜란이 일어나기 1년 2개월 전, 장군은 진도군수로 발령받았다. 그러나 부임도 하기 전에 가리포 첨사로 전직되었으며, 이곳에도 부임하기 전에 전라좌수사가 되었다.

인사의 난맥상이었다. 장군 개인에게는 마음 붙이고 공무를 돌볼 여유가 주어지지 않은 것이다. 장군은 쉰이 가까운 나이에 수시로 바뀌는 교지를 들고 변방의 임지를 떠돌아야 했다. 이처럼 임진왜란이 발발하기 전 장군은 비주류의 설움을 안고 살았다.

마침내 역사가 되다

송백松柏은 서리를 당해서야 그 푸름을 안다고 했던가? 장군의 진가는 전쟁이라는 국난에서 빛을 발하기 시작했다. 마침내 전라좌수사로 지역의 수군 책임자가 된 장군은 바다 건너 소식에 민감하게 반응했다. 이미 조정에서는 일본에 통신사를 파견해 분위기를 읽도록 했다. 그러나 이 중요한 보고에서도 각 당파는 완전히 상반된 주장을 했다.

장군은 본능적으로 위험을 감지했다. 그러고는 서둘러 거북선을 건조하고 군기를 엄정히 했으며, 판옥선의 건조와 수리에도 박차를 가했다. 마침내 장군이 우려한 대로 전쟁이 터졌고, 장군은 7년간의 전쟁을 온몸으로 막아냈다. 그리고 역사에 그 이름을 새겼다.

장군은 과연 하늘이 낸 영웅이었던가? 장군은 평범한 인간이었다. 그의 일기를 살펴보면 아팠다는 기록이 안타까울 만큼 많이 나온다. 그는 온백원이라는 약을 자주 복용했다. 온백원은 소화기 계통 약이다. 병의 원인은 스트레스였을 것이다. 여건이 따라주지 않는데도 장군은 전쟁을 치러야 했다. 적을 막아야 했다. 백성들의 생활까지 보살펴야 했다. 한 인간이 받을 수 있는 최대의 중압감에 시달렸다.

장군이 남긴 시 한 수가 책임감에 짓눌려 잠도 제대로 못 이루던 당시의 심정을 잘 말해준다.

> 한바다에 가을빛 저물었는데
> 추위에 놀란 기러기 떼 높이 나네.
> 가슴에 근심 가득 잠 못 이루는 밤
> 새벽달은 활과 칼을 비추네.

水國秋光暮　驚寒雁陣高
憂心輾轉夜　殘月照弓刀

그러나 장군은 그 중압감을 버티고 버텨 마침내 이겨냈다. 명량대첩을 앞두고는 몇 번이나 기절해 인사불성이 되었다. 그러나 그 모든 고통을 굽히지 않는 정신으로 이겨냈다.

장군은 세 번 파직당하고 두 번 백의종군했다. 전쟁 중에 어머니와 막내아들을 잃었다. 그는 외로웠다. 못 견디게 힘들어 술을 자주 마셨다. 그러나 새벽 2시면 일어났다. 끊임없이 병서를 보며 전술을 연구했다. 거북선과 같은 혁신 제품의 개발도 주도했다. 장군의 연구와 노력으로 가능했던 일이다. 각 전투마다 다양한 전술을 구사한 것 역시 피나는 연구와 노력의 결실이었다. 한산대첩의 학익진은 육전의 전술이었다. 장군은 그것을 해전에 적용했다. 병서와 역사서 읽기를 게을리했다면 결코 얻을 수 없는 것들이었다. 장군은 누구보다 배움과 연구에 철두철미한 노력파였다.

장군의 칼에는 다음의 명문이 새겨져 있다.

석 자 칼로 하늘에 맹세하니 산과 물이 떨고
한 번 휘둘러 쓸어버리니 피가 강산을 물들인다
三尺誓天山河動色　一揮掃蕩血染山河

적어도 영웅이라면 이 정도의 기개와 기백은 갖고 있어야 하는 것이 마땅하다. 장군의 가슴 역시 이렇게 컸을 것이다. 그러나 그것이 전부가 아니었다. 장군은 자주 울었다. 그의 일기를 보면 곳곳에서 장군의 눈물을 만날 수 있다.

장군은 매우 인간적이었다. 군기를 엄정히 하기 위해 장군은 도망병을 참하기도 했고, 소를 훔친 어부를 베기도 했다. 그러면서도 그 가족은 따뜻하게 돌보았다. 자신의 처소로 찾아온 병사의 이야기를 들은 장군은 입고 있던 옷을 벗어 주기도 했다. 인간에 대한 따뜻한 배려, 이것이야말로 영웅이 갖춰야 할 진정한 조건인지 모른다. 장군은 그렇게 인간에 닿아 있었다.

이러한 장군의 인간 정신이 어떻게 길러졌겠는가. 오랜 세월 장군의 경험에서 비롯되었을 것이다. 자신이 소외되고 어려운 길을 걸어왔기에 누구보다 상대의 심경을 잘 읽고 다른 사람의 불행에 남보다 먼저 아파할 수 있었던 것이다.

주어진 환경과 조건을 극복하며 마침내 빛나는 인간 정신을 일군 장군. 그래서 장군은 진정한 영웅이었다. 하늘이 내린 영웅이 아니라 노력과 고뇌와 결단을 통해 스스로 영웅이 된 것이다.

장군의 칼.
칼에 새겨진 명문이 뚜렷하다.
사람과 비교해보면
칼의 크기를 실감할 수 있다.

스스로 쌓은 핵심 역량

이순신은 아주 바쁜 가운데서도 끊임없는 활쏘기 연습으로 명궁이 되었다. 또 학습과 연구도 꾸준히 해 병법, 전략, 전술뿐만 아니라 정보의 수집과 활용, 사무 처리 등 행정에서도 남들이 따라갈 수 없는 핵심 역량을 쌓았다. 이러한 핵심 역량이 바탕이 되어 백전백승의 위업을 달성할 수 있었다. 하늘이 내린 영웅이 아니라, 노력과 인내를 통해 스스로 자란 영웅인 것이다. 《난중일기》에는 이순신이 활쏘기 연습을 했다는 기록이 자주 등장한다.

배를 타고 수포召浦로 나가는데 농풍이 크게 불고 격군이 없어 되돌아왔다. 곧장 동헌으로 나가 활쏘기 10순巡(활쏘기에서 각자 활 다섯 대를 계속 쏘는 것을 1순이라 함)을 했다.

동헌에서 공무를 보며 활쏘기 10순을 했다. 5순은 계속 적중하고, 2순은 네 번 적중하고, 3순은 세 번 적중했다.

더위와 가뭄이 극심해 섬이 찌는 듯하니 농사가 매우 염려스럽다. … 활쏘기 20순을 했다.

이와 같이 활쏘기 훈련에 매진한 결과 이순신은 명궁이 될 수 있었다. 우리 양궁 팀을 세계 최강으로 올려놓은 서거원 전前 양궁 국가 대표 팀 감독은 우리 선수들의 훈련 자세에 대해 다음과 같이 말한 바 있다.

선수들은 항상 잠이 부족하다. 하루에도 인간의 한계를 두세 번 넘는 훈련을 거친다. 엄청난 체력적 한계를 느낀다. 그런 상태에서 두세 시간 쉬는 동안에도 선수들은 뒤처질까 봐 다시 훈련장을 찾는다. 어느 누구도 훈련에 나오라고 강요하지 않는다. 그러나 야간에 훈련장에 가보면 개인 훈련을 하는 선수들로 꽉 차 있다.

　　선수들 스스로 동기를 부여하고 열정적으로 훈련한 결과 우리 양궁은 세계 제일이 될 수 있었다. 이순신 역시 당시 장수에게 요구되는 핵심 역량 중 하나인 활쏘기에 집요할 정도로 끈기 있게 매진해 자타가 인정하는 명궁이 될 수 있었다.

　　한 분야에서 탁월한 전문가가 되기 위해서는 최소한 1만 시간이 넘는 집중된 훈련이 필요하다는 '1만 시간의 법칙'이라는 말이 있다. 매일 세 시간씩 열심히 연습한다고 해도 10년 정도는 해야 한 분야의 전문가가 될 수 있다는 뜻이다. 어느 분야에서든 오랜 기간 동안 스스로 동기를 부여하고 연구와 연습에 몰입하는 끈기가 있다면, 전문가의 경지에 이를 수 있을 것이다.

　　이순신은 병법에 관한 학습과 연구에도 매진해《손자병법》등 기존의 병법에 통달했다. 또 다음의《난중일기》구절에서도 알 수 있듯이 새로운 병법의 연구도 게을리하지 않았다.

저물어서야 상경했던 진무가 돌아왔는데 좌의정 유성룡이 편지와《증손전수방략增損戰守方略》이란 책을 보냈다. 이 책을 보니 수전水戰, 육전陸戰, 화공전火功戰 등에 관한 일을 논의했는데, 참으로 만고의 신기한 책이었다.

이순신은 부하들에게 병법과 전술을 자주 강론하기도 했다. 이순신이 전투마다 승리할 수 있었던 것은 전투의 여건과 상황에 따라 최적의 병법과 전술을 부하들과 함께 활용하는 능력이 있었기 때문이다. 이러한 능력은 장군으로서 반드시 갖추어야 할 핵심 역량이라 할 수 있다.

치열한 경제 전쟁에서 승리하려면 경쟁자를 압도할 수 있는 핵심 역량이 있어야 한다. 지금과 같은 지식·정보화 시대에서 핵심 역량은 자원, 시설 등과 같은 물적 자원보다는 경쟁자가 쉽게 모방할 수 없는 기술, 경영 능력, 조직 능력, 마케팅 능력, 디자인 능력과 같은 지식 재산intellectual property에서 창출된다. 현재 새로운 지식이 빠른 속도로 출현하고 주변 여건이 급변하므로, 지속적으로 학습, 연구, 훈련에 몰입해야 핵심 역량을 확보할 수 있다.

빌 게이츠와 스티브 잡스는 1955년에 태어난 동갑내기로 빌 게이츠는 하버드 대학교를, 스티브 잡스는 리드 대학교를 자퇴했다. 그들은 스스로 핵심 역량을 쌓아 마이크로 소프트와 애플을 창업해 세계적 기업으로 만들었다. 또 대학 졸업장은 없지만 빌 게이츠는 하버드 대학교 졸업식에서, 스티브 잡스는 스탠퍼드 대학교 졸업식에서 연설하는 영광도 누렸다.

빌 게이츠는 하버드 대학 졸업장보다 더 소중한 것은 독서하는 습관이라고 말한 바 있다. 빌 게이츠는 열 살이 되기 전에 백과사전 전체를 독파해 독서 경진 대회에서 풍부하고 알찬 독후감을 써서 항상 1등을 차지했다고 한다. 그는 지금도 많은 시간을 들여 다양한 분야의 책을 읽는 독서광이다. 빌 게이츠는 과학뿐만 아니라 다양한 분야의 책을 읽어 많은 지적 재산을 축적했다.

빌 게이츠는 대화, 질문, 토론을 통해서도 많은 것을 배울 수 있다고 말한다. 그는 진지한 토론을 즐기며, 이를 통해 전문 지식은 물론 성공과 실패에 대한 타인의 경험 등을 듣고 소중한 지혜를 얻는다. 그는 "인생은 학기처럼 구분되지도 않고 방학도 없다. 스스로 알아서 하지 않으면 직장에서는 가르쳐주지 않는다"라고 말하면서 스스로 핵심 역량을 쌓아야 함을 강조했다.

스티브 잡스는 리드 대학을 한 학기만 수료하고 자퇴했다. 스탠퍼드 대학교 졸업식 연설에서 그는 다음과 같이 말했다.

"6개월 후 대학 생활이 그만한 가치가 없어 보였습니다. 인생에서 내가 무엇을 하고 싶은지, 또 대학이 그것을 찾아내는 데 얼마나 도움이 될지 알 수 없었습니다. 입양해주신 부모님이 평생 모은 재산을 쏟아붓는 상황이었습니다. 그래서 모든 일이 잘될 거라고 믿고 자퇴를 결심했습니다. 당시에는 두려웠지만 돌이켜 보면 제 인생에서 최고의 결정이었습니다."

스티브 잡스는 탐구 정신이 매우 강했다. 리드 대학을 자퇴한 후에도 흥미로워 보이는 수업을 청강했으며 불교에 심취해 도서관에서 선禪에 관한 책도 열심히 읽었다. 그 후 그는 인도 순례 여행을 다녀오기도 했다. 그는 사과 농장에서 일하기도 했으며, 이것이 인연이 되어 애플이라는 브랜드를 탄생시켰다. 그는 끊임없는 열정과 탐구 정신으로 서로 관련이 없어 보이는 사물을 연관시키는 상상력과 창의력으로 핵심 역량을 쌓아 혁신을 주도했다.

스티브 잡스는 창의성이란 '서로 다른 사물을 조합하는 능력'이라고 정의했다. 실제로 그는 자신의 경험과 지식은 물론 다양한 분야 사람들의 경험과 지식을 조합해 획기적인 신제품을 개발했다. 그는 "매킨토시의 성공은 세계 최고의 컴퓨터 전문가로 거듭 태어난 음악가, 시인, 화가, 동물학자, 역사학자 덕분이다"라고 말한 바 있다.

"필요는 발명의 어머니"라는 말이 있다. 부족하고 필요한 것이 있어야 발명을 하게 된다는 것이다. 이와 마찬가지로 뭔가 부족하고 어려운 점이 있어야 이를 해결하려고 노력하며, 그 결과 경쟁력을 갖추게 된다.

프랑스에는 물에 석회석이 섞여 나오는 곳이 많아 화장품 산업이 발전하는 계기가 되었다. 이와 마찬가지로 일본은 땅이 비좁고 집이 넓지 않기 때문에 작지만 성능이 좋은 전자 제품의 개발에 몰두하게 되었다. 또 땅이 좁아 창고 없이 공장을 운영할 수 있는 적시 생산 시스템just-in-time manufacturing system을 개발해 경쟁력을 높였다.

필요는 경쟁력의 어머니라는 말을 뒷받침하듯 스위스, 덴마크, 네덜란드, 벨기에, 룩셈부르크 등 자원이 부족한 나라들이 오히려 국가 경쟁력이 높다. 반면 자원이 풍부한 동남아시아와 남미의 국가들은 대부분 국가 경쟁력이 약하다. 부족하고 어려운 것을 절실히 느끼지 못하면 현상에 안주하게 마련이기 때문이다.

부족하고 이려운 점이 있다고 해서 이를 기피하거나 포기한다면 경쟁력을 갖출 수 없다. 어려움을 이겨내기 위한 강력한 의지와 노력이 있어야 경쟁력이 싹튼다. 도전과 응전의 상호작용이 필수적이다.

지식 정보화 시대를 맞이해 지하자원, 공장, 건물 같은 물적 재산보다는 지적 재산이 더욱 중요해지고 있다. 마이크로소프트는 공장 하나 없는 소프트웨어 회사지만 주가 총액이 세계에서 가장 큰 기업 중 하나다.

어떤 제품에 경쟁력을 갖추려면 경쟁력의 뿌리라고 할 수 있는 핵심 역량이 있어야 한다. 핵심 역량은 남이 쉽게 모방할 수 없는 지적 재산에서 창출된다. 나이키는 세계 제일의 신발 회사임에도 어느 나라에도 직접 소유하거나 경영하는 공장이 없다. 나이키는 신발에 관련한 지적 재산이 경쟁력의 핵심임을 간파하고 공장에 대한 투자 대신 기술과 디자인 개발에 중점적으로 투자하는 전략을 고수한다. 그 결과 나이키라는 브랜드는 세계적인 명성을 얻었고, 수많은 신발 공장이 나이키의 협력 생산 업체가 되려고 경쟁하고 있다. 이에 따라 나이키는 복잡하고 골치 아프게 공장을 관리하지 않고도 좋은 신발을 저렴하게 공급할 수 있는 경쟁력을 확보했다.

사실 따지고 보면 지적 재산이 물적 재산보다 좋은 점이 많다. 지적 재산의 한계 생산 비용은 매우 적다. 좀 더 쉽게 말한다면 일단 지식을 갖고 있으면 이를 다시 쓰는 데 비용이 거의 소요되지 않는다. 또 물적 재산과는 달리 사용해도 없어지거나 닳지도 않는다. 이 밖에도 지적 재산은 보관과 운송 비용이 무시해도 좋을 정도로 적으며, 관세와 비관세 장벽 때문에 외국에 수출하지 못하는 일도 거의 없다.

　　지적 재산은 물적 재산과 달리 물려받기가 쉽지 않다. 기술, 경영 능력, 마케팅 능력, 조직 능력, 디자인 능력 등 지적 재산은 꾸준한 학습과 연구를 통해 스스로 쌓아나가야 한다.

　　획기적인 기술이나 지식을 개발할 능력이 부족한 우리나라에서는 아예 자체 개발을 포기하는 일이 많다. 그러나 이는 잘못된 생각이다. 작은 것이라도 꾸준히 개선해나가면 품질과 가격 면에서 큰 경쟁력을 확보할 수 있다. 또 여러 가지 면에서 조금씩 꾸준히 개선하면 경쟁자가 이를 모방하기가 더 힘들다는 장점도 있다. 물론 획기적인 기술이나 지식의 개발에도 힘써야 하겠지만 모든 면에서 조그만 개선을 위해 성실히 노력하는 것도 잊어서는 안 된다.

겸손한 마음가짐

이순신이 일생 동안 열심히 배우고 임진왜란에 철저히 대비한 것은 무엇보다도 그의 겸손한 마음가짐 때문이다. 그는 수많은 싸움에서 모두 승리했음에도 "나는 나라를 욕되게 했다. 오직 한번 죽는 일만 남았다"라고 자주 말했다고 한다. 《난중일기》에는 다음과 같은 글이 나온다.

사직의 위험과 영험에 힘입어 겨우 조그마한 공로를 세웠는데, 임금의 총애와 영광이 너무 커 분에 넘친다. 장수의 직책으로 더 쓸 만한 공로도 세우지 못했으며, 입으로는 교서를 외우나 얼굴에는 군인으로서의 부끄러움이 있을 뿐이다.

그는 아마도 많은 승리를 거두었는데도 육지의 적까지 완전히 소탕하지 못한 것을 안타까워했던 것 같다. 이런 자세 때문에 항상 자신을 채찍질하고 더욱 철저히 대비했을 것이다. 오만한 사람들은 임진왜란에 대해 대비하지 않았다.

임진왜란 직전 통신사의 부사로 일본에 갔다 온 김성일은 "도요토미의 눈은 쥐와 같고 외모로 보나 언행으로 보나 하잘것없는 위인이니 두려울 것이 없다"라면서 무시하는 듯한 말로 조정에 보고했다. 전쟁 전에는 일본을 한칼에 무찌를 수 있다고 큰소리친 장수도 막상 일이 터지자 도망만 다녔다.

오만과 자만, 이것이야말로 모든 전쟁이나 경쟁에서 패배하게 되는 가장 큰 요인이다. 자만에 빠진 사람은 무엇이 문제인지 파악하기는커녕 문제 자체가 있다는 사실도 인식하지 못한다.

물론 남이 문제점을 지적해도 귀담아 듣지 않는다. 이런 자세로는 치밀하고 철저하게 대비할 수 없다. 이러한 이유 때문에 전쟁에 매번 이겨 부하들이 교만해지자 이순신은 '적을 업신여기면 반드시 패한다輕敵必敗之理'라는 사실을 잊지 말도록 당부했다.

짐 콜린스는 2009년에 출간된 그의 저서 《위대한 기업은 다 어디로 갔을까》에서 위대한 기업으로 성장한 기업이 몰락하는 첫 단계는 '성공으로부터 자만심이 생겨날 때'라고 지적했다.

몰락의 첫 단계는 성공을 당연한 것으로 간주해 거만해지고 진정한 성공의 근본 요인을 잊을 때 시작된다. …성공의 요인을 살펴보면 운과 기회가 중요한 역할을 한 예가 많은데, 그 사실을 깨닫지 못하고 자기 능력과 장점을 과대평가하는 사람은 자만하게 된다.

마쓰시다 전기를 창업해 세계적인 기업으로 성장시킨 마쓰시다 고노스케는 성공을 운의 덕으로 돌리고, 실패는 자신의 탓으로 돌리라고 충고한 바 있다. 그는 성공을 운의 덕으로 돌리는 겸손한 경영자는 작은 실패 하나하나에 대해 깊이 반성한다고 지적했다. 또 윗사람일수록 교만함을 깨우쳐주는 사람이 드물기 때문에 항상 버릇처럼 자신이 겸허한지 자문자답해야 한다고 말했다.

주식 투자로 세계적 부자가 된 워렌 버핏은 투자의 귀재로 불린다. 그러나 그는 자기가 미국에서 태어나지 않았더라면 투자의 재능이 결실을 맺을 수 없었을 것이란 말을 자주 한다고 한다. 스스로 투자에 성공하게 된 가장 중요한 이유는 미국과 같은 기회의 땅에서 태어난 행운 때문이라고 여기는 것이다. 그는 다음과 같이 고백하기도 했다.

"나는 축구도 바이올린도 못한다. 어쩌다 보니 이 사회에서 높은 대우를 받는 일을 맡았다. …만약 원시 시대에 태어났다면 맹수들의 먹이가 되었을 것이다."

세계 제일의 기업이라도 경영자나 구성원이 자만에 빠지면 곧 쇠퇴의 길을 걷게 된다. 오랜 기간 세계 제일의 기업으로 군림해온 미국 자동차 회사인 GM의 경영자들은 한때 자만심 때문에 일본 자동차의 경쟁력을 과소평가했다. 일본 자동차가 미국에 처음 진출했을 때 마치 장난감 같다고 비웃기까지 했다. 이런 오만으로 일본 자동차의 미국 진출에 대비를 소홀히 한 GM은 큰 손실을 보았다. "IBM이 가는 곳에 컴퓨터 산업이 있다"라는 말이 있었을 만큼 세계 컴퓨터 산업을 선도하던 IBM도 한때 자만 때문에 많은 어려움을 겪었다.

GM이나 IBM과 같은 세계 초일류 기업의 경영자가 자만에 빠져든다는 것은 어느 정도 납득할 수 있다. 오랜 기간 세계에서 일등을 유지하다 보니 인간 심리상 그럴 수도 있기 때문이다. 그러나 세계 초일류 기업과는 거리가 먼 국내 기업의 경영자나 구성원이 오만해진다면 어떻게 세계적인 경쟁력을 확보할 수 있을까.

중국 시장에서 샤오미가 삼성전자를 능가하는 수준으로 성장했듯이 스마트폰 시장에서 '짝퉁' 이미지가 강했던 중국 스마트폰 제조사들이 세계시장에서 삼성전자와 애플 등을 위협할 정도로 급성장하고 있다. 영원한 강자는 없으므로 항상 자만을 철저히 경계하고 혁신을 위해 끊임없이 노력해야 한다.

세계적인 초일류 기업들은 자만을 경계하기 위해 세계에서 가장 까다롭고 불평 많은 고객을 우대하고 오히려 이들을 찾아 나선다. 이제 우리도 우물 안 개구리같이 만만한 경쟁 기업이나 고객만 상대하면서 자만에 빠져들 것이 아니라 세계 제일의 기업을 경쟁 상대로 삼아 부족한 점을 끊임없이 메워나가야 한다. 겸허한 자세로 까다로운 고객의 불평을 경청하면서 혁신을 감행해야 진짜 경쟁력이 생기기 때문이다.

8장

노량에 지다

장군의 죽음을 두고 여러 가지 설이 떠돌았다.
심지어 자살설까지 나돌았다.
당시의 혼탁한 세태 때문에 장군은 적의 탄환을 피하지 않고
스스로 생을 마감했다는 것이다.

노량 바다. 남해대교가 하동과 남해를 이어준다. 이 좁은 바다에서 장군은 마지막 해전을 벌였다.
피할 수도 있었던 전투지만 장군은 이 해전으로 장군의 인생을 완성했다.

그 바다에 노을 지고

길모퉁이를 하나씩 말아 쥔다. 길은 끝도 없이 모퉁이를 내놓는다. 저 모퉁이만 나오면 이제 마지막이겠지, 라는 생각이 들어도 길은 또 곡선으로 굽어 산 모퉁이 뒤로 사라진다. 마치 꼬리를 감추는 길과 숨바꼭질하듯이 달리고 달린다.

남해고속도로 진교에서 내려서서 노량으로 가는 길. 나는 지금 그곳으로 가고 있다. 섬 남해와 육지 하동 사이의 좁은 바닷길, 그곳을 노량이라 부른다. 하동 쪽 포구는 하동 노량, 남해 쪽 포구는 남해 노량이라 부르는 그곳으로 가고 있다. 노량이라는 이름보다 장군이 최후를 맞은 곳으로 더 잘 알려진 그 바다로 가고 있는 것이다. 진교에서 노량까지 이어진 길은 유난히 굽이가 많은 2차선 도로다. 여름철이면 해수욕장을 찾는 사람들로, 가을이면 인근 포구의 방파제에서 전어를 썰어 먹는 사람들로 길이 막힌다. 진교에서 고속도로를 탄지 한참, 마침내 그 지겨운 모퉁이를 토해내다가 길이 먼저 지치고 만다.

남해대교가 한눈에 바라다보이는 곳에 도착했다. 30여 년 전, 처음 남해대교라는 큰 다리를 봤을 때의 기억이 떠오른다. 당시 남해와 하동 노량은 민둥산과 특유의 게딱지 같은 지붕만 옹기종기한 한적한 어촌이었다. 덜컹거리는 시외버스를 타고 비포장 길을 지겹도록 달려오면 어느 순간 갑자기 주변 풍경과는 전혀 어울리지 않는 이질적인 대형 구조물이 눈에 들어온다. 주황색 커다란 기둥이 눈에 띄는 현수교인 남해대교다. 이후 남해대교는 다리를 넘어 관광 명소가 되었고, 오랫동안 사람들은 '남해' 하면 주황색 예쁜 다리를 떠올렸다. 그림 같은 현수교 아래로 여수와 통영을 잇는 쾌속 여객선 엔젤호가 흰 포말을 일으키며 달리는 그림은 애국가 화면에도 가끔 비쳤던 것으로 기억된다. 그것을 다시 옛 색깔로 칠하는 공사가 한창이다.

'노량해전도'. 노량해전은 임진왜란과 정유재란을 통틀어 가장 치열한 전투였다.
전투는 시종 근접전, 백병전으로 치러졌다. 최대의 전과를 올렸지만 아군의 피해도 컸다.

거북선과 충렬사

아슬아슬하게 대교를 지나 남해 노량으로 내려갔다. 다리를 건널 때부터 눈여겨본 것이 그곳에 있다. 복원한 거북선이 남해 노량에 떠 있는 것이다. 그것도 장군을 모신 충렬사 바로 아래에 그야말로 위풍당당하게 떠 있다. 정박해 있는 거북선을 새삼 올려다보았다.

거북선 머리가 남해대교를 배경으로 우뚝하다. 아무래도 외형은 임진왜란 당시 장군의 거북선이 아니라 거북의 머리를 높인 18세기 거북선이 아닌가 여겨진다. 거북선 내부를 기웃거려보았다. 무인 입장료 함이 놓여 있는 것이 이채로웠다. 내부는 깜짝 놀랄 정도로 섬세하게 복원되어 있다. 화포 등 각종 무기뿐만 아니라 신호를 보낼 때 사용하던 깃발과 방패연도 제대로 갖추어져 있다. 거북선 아래층으로 내려가보았다. 습기 때문에 눅눅하고 좁은 공간, 내무반 역할을 하던 곳이다. 거북선의 조선 수군들은 이 좁은 곳에서 생활하며 숱한 전투를 치러냈다.

거북선에서 나오면 바로 충렬사 앞마당이다. 장군을 모신 사당으로 오르기 위해 천천히 돌계단을 밟았다. 나는 충렬사를 여름에 방문하라고 권한다. 충렬사를 둘러싼 낮은 담장과 시원한 팽나무 그늘이 가장 잘 어울리는 때가 바로 여름이기 때문이다. 장군의 영정 앞에 고개를 숙였다. 충렬사는 규모가 작지만 그곳에 서린 기운은 비장하다. 충렬사 뒤쪽에는 장군의 가묘가 있다. 잘 다듬은 봉분 위로 새 풀이 나서 우거져 있다. 가묘 옆에는 박정희 대통령의 기념 식수가 있다. 기념 식수는 잘 자라지 못한다는데 이곳의 식수는 제법 나무 티가 난다. 충렬사가 자리한 이 언덕을 남해 사람들은 화전, 즉 '꽃밭등'이라 부른다. 장군은 하필이면 남해의 꽃밭에 계실까.

꽤 오랫동안 충렬사를 서성거렸으나 다른 사람들의 모습은 보이지 않았다. 남해대교 위로 수많은 관광버스가 지나다니건만 일부러 장군의 사당을 찾아 참배하고 싶어 하는 사람은 많지 않나 보다. 어쩌다 충렬사 가까이에 내린 관광객들도 남해 노량의 건어물과 횟집을 선택하기에만 바쁠 뿐 충렬사로 오르는 사람은 거의 없다.

남해 충렬사. 장군을 모신 사당으로 외삼문, 내삼문으로 이루어져 있다. 규모는 작지만 세월의 때가 엄숙함을 더한다. 아래 사진은 장군을 모신 사당. 사당 뒤에 가묘가 있다. 사진 속 왼쪽의 키 큰 나무는 박정희 대통령 기념 식수다.

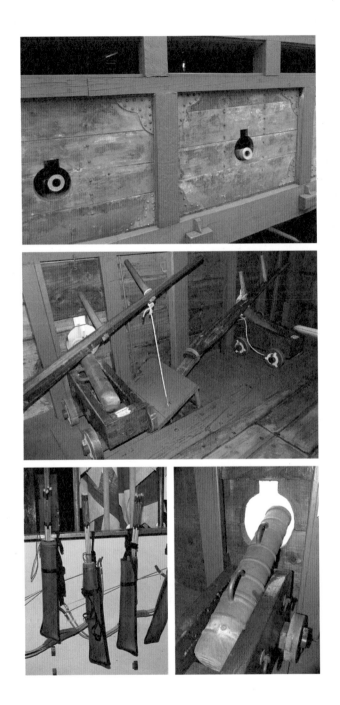

거북선 내부도 완벽하게 복원되어 있다. 총구와 내부의 노, 포, 화살이 보인다.

거북선과 남해대교. 남해 노량에는 1980년대 해군사관학교에서 복원한 거북선이 떠 있다.

관음포와 이락사

충렬사에서 바닷길을 따라 서쪽으로 이동했다. 노량 모퉁이를 돌면 눈앞에 펼쳐지는 바다, 바로 관음포와 연결되는 그 바다다. 많은 사람들이 장군의 마지막 해전을 노량해전이라 부르지만 정확하게는 노량의 해협을 지나 광양, 여수로 연결되는 관음포 앞바다가 해전의 현장이다. 이곳 관음포는 그 옛날 팔만대장경을 새긴 분사도감이 있던 곳으로도 알려져 있다. 지리산에서 베어낸 소나무를 섬진강에 띄우면 물살을 타고 도달하는 곳이 바로 이 관음포라고 했다. 그 소나무를 3년 정도 바닷물에 푹 담갔다가 판자로 켜서 대장경 각판으로 사용했다고 한다. 바로 그 관음포 앞바다가 눈앞에 펼쳐져 있었다.

노량에서 남해읍 쪽으로 5~6분, 오른쪽으로 널따란 주차장이 나오면 반드시 멈춰 호흡을 가다듬어야 한다. 바다 쪽으로 좁은 산등성이가 흘러나가는 곳에 이락사가 있다. 이락사가 있는 작은 야산은 이락산으로 불린다. 아무 생각 없이 이락산의 오솔길을 걷다 보면 참으로 예쁜 길이라는 생각이 든다. 손을 뻗으면 가지가 잡히는 높이의 소나무 숲길 사이로 난 작은 오솔길. 유난히 소나무 내음이 짙은 솔잎 가루 날리는 계절, 그 숲 속 오솔길은 발목이 시큰하도록 걷고 싶은 예쁜 길이다. 그러나 길에 매료당하는 것도 잠시, 산 능선이 끝나고 그 끝에 정자가 하나 모습을 드러낸다. 첨망대다.

정자 위로 올라서면 남해와 광양, 여수 사이의 바다가 펼쳐진다. 대도, 죽도 등의 작은 섬과 함께. 이곳이 바로 장군이 최후를 맞은 바다다. 알다시피 장군의 최후는 한국사 명장면 중 하나로 남아 있다. 아침 해가 떠오를 무렵 적탄에 맞은 장군의 유언은 지금도 수많은 사람들의 심금을 울린다.

'싸움이 한창 급하니 나의 죽음을 알리지 마라.'

배 위에서 최후를 맞은 장군의 시신은 전투가 끝나자 육지로 모셔졌다. 바로 그 자리가 지금의 이락사 자리다.

이락사 李落祠는 이순신이 떨어진 곳, 장군이 죽음을 맞은 곳이란 뜻이다. 이락사에 서면 시간을 느낄 수 있다. 지금 그 바다 주변에는 화력발전소, 광양제철 등 산업 시설이 즐비하다. 400여 년 전 이 바다가 그 바다라는 증거나 흔적은

위와 아래 왼쪽: 이 충무공 비각의 현판과 송시열이 지은 비문.
아래 오른쪽: 명나라 장수 진린이 이순신 장군의 공적을 황제에게 보고한 글귀.

위: 이락사 전경. 장군의 시신이 제일 먼저 육지로 오른 곳으로 이 충무공 유허비가 있다.
아래: 이락산 끝 첨망대에서 바라본 바다. 노량에서 시작된 전투는 이곳을 거쳐 사진의 왼쪽에 있는 관음포로 이어졌다.

그 어디에도 없다. 어디에도 7년 전쟁 최후의 해전, 관음포해전과 장군의 최후를 느낄 만한 것이 없다. 바다 건너 무수한 굴뚝과 끊임없이 솟아오르는 연기 속에서 어떻게 장군을 느낄 수 있을까? 멀리 오가는 대형 선박들을 오랫동안 망연히 바라보았다.

나는 무엇인가를 기다리고 있었다. 무엇일까? 이 고요한 오후에, 썰물의 바닷가에서, 매끈한 여인의 허벅지 같은 관음포의 갯벌이 제 몸을 드러내는 이 최후의 바다에서 나는 무엇을 기다리고 있는가?

갯내음 물씬한 바람 한 줄기가 손에 잡힐 듯이 지나갔다. 그리고 뒤이어 해가 지기 시작했다. 그랬다. 나는 이 관음포의 노을을 기다리고 있었던 것이다. 그 장엄한 낙일을. 천천히, 그러나 정확하게 저 바다 너머로 사라지는 커다란 불덩이가 남기는 길고 진한 여운. 그 노을은 어쩌면 그렇게 장군의 최후와 닮았는가. 장군의 최후와 장군이 남긴 역사의 여운, 한 인간의 호흡은 저렇게 그 바다의 노을과 닮은 것이다. 오래오래 노을을 바라보았다. 바다가 깜빡 어두워지고 그 건너 공장의 불빛들이 환하게 온 밤바다와 하늘을 밝힐 때까지 오래오래 이락산 끝자락에 앉아 있었다. 행여 장군의 음성 한 자락 들릴까 하여.

남해도

자살설을 부른 장군의 최후

도요토미 히데요시가 죽었다. 일본을 통일하고 그 야망을 주체하지 못해 마침 내 조선과 명나라 정벌에 나섰던 일본 통치자가 죽었다. 그의 죽음은 전선에 즉각 알려졌다. 명량에서 대패한 이후 왜성을 쌓고 꼼짝하지 않고 숨어 지내던 왜군에게 내려진 명령은 후퇴, 7년간의 전쟁을 접으라는 것이었다.

고니시 유키나가는 당시 순천 예교에 왜성을 쌓고 웅크리고 있었다. 그는 조용 한 후퇴를 원했다. 그러나 그들이 돌아갈 길은 없었다. 장군의 함대가 예교성 앞바다를 봉쇄하고 있었다. 장군은 순천 앞바다의 유도에 진을 치고 고니시가 이끄는 왜군이 바다로 나오기만을 기다렸다. 당시에는 명나라 진린의 수군도 작전을 함께 펼치고 있었다.

고니시가 조용히 철수할 수 있는 길은 두 가지, 하나는 장군이 봉쇄를 풀고 바 닷길을 열어주는 것, 또 하나는 장군의 함대를 정면으로 치고 나가는 것이었 다. 두 번째는 거의 불가능한 일. 그렇다고 첫 번째 방법도 통할 것 같지 않았 다. 가느다란 희망이 있다면 사천, 고성 등 경상도 지역에 산재한 다른 왜군이 장군의 함대를 공격해 그 협공의 순간을 노려 바다를 빠져나가는 방법이었다. 그러나 그 협공 작전도 쉽지 않았다. 장군이 모든 정보로를 차단했기 때문이 다. 고니시는 명나라 장수 진린에게 뇌물을 주고 척후선이 빠져나갈 수 있도록 했다. 남의 전쟁에 와 있던 진린은 뇌물에 넘어갔고, 덕분에 왜군은 협공 작전을 펼칠 수 있었다.

그냥 보낼 수 없다

1598년 11월 18일 밤, 대규모 왜군 함대가 노량 바다에 나타났다. 고니시 구하 기에 나선 것이다. 장군은 즉각 유도의 해상 봉쇄를 풀고 왜군 함대와 맞서기 위 해 노량으로 출동했다. 당시 왜군은 대선 300여 척에 6만여 대군이었다.

여기에 맞선 장군의 함대는 전선 83척에 수군 1만 7000여 명이었다. 명나라 수 군도 함께 싸웠다. 장군이 적 함대와 마주친 것은 1598년 11월 19일 새벽 2시,

露梁海戰圖

竹島

露梁

光州洋

露梁里

海戰地

海戰地

觀音浦

南海島

'노량해전도'. 전투는 관음포로 이어졌다.
새벽 2시에 시작된 전투는 다음 날 정오까지 계속되었다. 장군은 아침 해가 뜰 무렵에 전사했다고 전해진다.

깜깜한 관음포 바다에서였다. 장군은 지체 없이 공격 명령을 내렸다. 곧이어 불화살이 밤하늘을 수놓았다. 조선 수군의 화포가 불을 뿜었다. 왜군도 조총으로 응사했으나 대포와 소총의 싸움, 칠흑 같은 바다 위에서 조선 수군은 적선을 하나씩 강력하게 타격해나갔다.

수세에 몰린 적은 관음포로 몰려들었다. 왜적은 관음포가 막힌 포구가 아니라 남해읍 쪽으로 연결된 바다로 파악했다. 당시 왜군의 지도에는 관음포에서 남해읍 앞으로 바다가 연결된 것처럼 청색으로 칠해져 있었다고 한다. 그래서 이 근처를 가청도라고도 부른다. 가짜 청색이란 뜻이다. 장군의 조선 함대에 밀려 관음포로 몰려간 적선은 퇴로를 완전히 차단당한 채 포위되고 말았다. 그들의 마지막 저항은 처절했다. 조선 수군에 이 마지막 해전은 전쟁의 뒤풀이 같은 것이었다. 이미 한산대첩으로 임진왜란 때 제해권을 확보했으며, 정유재란 때도 명량대첩으로 제해권을 되찾았다. 철수하려는 적의 목덜미를 물고 흔든 것이 바로 관음포 싸움이었다. 불타는 적선을 배경으로 동쪽 하늘이 밝아오기 시작했다. 온 바다에 왜군의 시체와 파괴된 전선이 떠다녔다. 다음은 관음포해전에 대한 도체찰사 이덕형의 보고서다.

> 왜적은 대패했으며 물에 빠져 죽은 자는 그 수를 헤아릴 수 없다. 왜선 100여 척이 패몰했으며, 사상자는 수천 명에 이르렀다. 왜의 시체와 부서진 뱃조각, 무기, 의복 등이 바다를 덮었으므로 바닷물이 흐르지 못했으며 바닷물은 온통 붉었다.

이 승전은 조선 수군에게는 한바탕 축제와 같은 것이었다. 슬픔과 분노가 깊이 서린 축제였다. 7년간의 전쟁으로 조선의 산하와 백성들의 삶은 완전히 파괴되었다. 나라를 재건할 수 있을지조차 모를 정도로 모든 것이 파괴되었다.

아들은 아비를 잃고 어미는 자식을 잃었다. 눈앞에서 지아비가 도륙되는 현장을 봐야 했고 눈앞에서 가족이 능욕당하는 꼴을 보아야 했다. 창자를 꺼내 씹는 아픔을 당하면서도 살아내야 했던 시절, 그 시절을 고스란히 경험한 조선 수군에게 적은 살려 보낼 수 없는 존재였다. 조선 수군들은 그 어느 때보다 치열하게 싸웠다. 이미 등을 보인 적일지라도 그냥 보낼 수는 없었다.

장군의 최후

장군 역시 맨 앞에서 전투에 몰두했다. 어느덧 날이 훤히 밝았다.

장군은 직접 북채를 들고 뱃전에서 군사들을 독려했다. 그러던 어느 순간, 장군의 북채가 뱃전에 툭 떨어졌다. 환시일까? 잘못 본 것일까? 그 순간 장군이 비틀거리는 것을 본 조카와 송희립이 달려왔다. 장군의 가슴에서 핏물이 번지고 있었다.

"싸움이 한창 급하니 나의 죽음을 알리지 마라."

장군의 마지막 말이었다. 장군의 나이 쉰넷, 불멸의 영웅이 세상을 떠난 것이다. 장군이 죽은 후에도 관음포 앞바다에서는 전투가 이어졌다. 장군선의 군사 외에는 장군의 죽음을 알지 못했다. 그리고 정오가 되지 않아 전투는 끝났다. 패배한 적선들은 도망가기에 바빴다. 전투가 한창일 때 적장 고니시 유키나가는 멀리 미조 앞바다를 거쳐 큰 바다로 도망갔다.

마침내 전투가 모두 끝났다. 곳곳에서 조선 수군의 환호성이 올랐다. 그것은 울음 섞인 환호성이었다. 마침내 적을 무찔렀다는 기쁨과 그동안 쌓인 한이 한꺼번에 북받쳐 올랐을 것이다. 그러나 장군선은 조용했다. 응당 길게 천아성이 울리고 흥겨운 승전고가 울려 퍼져야 할 장군선은 조용했다. 명나라 장수 진린이 적이 물러가는 것을 보고는 장군선으로 다가왔다. 그는 장군을 진심으로 존경했다. 비록 작은 나라의 장수지만 대륙에도 없는 장수가 이순신이었던 것이다. 더구나 장군은 그를 사지에서 구해준 생명의 은인이다.

장군선 가까이 다가온 그는 장군의 죽음 소식을 들었다. 그리고는 세 번이나 넘어지면서 장군선으로 올라 장군의 주검 앞에 무릎을 꿇었다. 진린은 통곡했다. 그제야 군사들이 모두 뱃전에 엎드렸다. 조선 수군의 피 어린 통곡에도 장군은 끝내 대답하지 않았다.

장군의 《난중일기》조차 1598년 11월 19일을 기록하지 못했다. 그날 늦게 노량 바다에는 비가 내렸다.

> 이순신은 이기고 죽었으며 죽고 나서도 이겼다. 조선전쟁의 7년
> ·간에… 참으로 이순신 한 사람을 자랑 삼지 않을 수 없다. 일본
> 수군의 장수들은 이순신이 살아 있을 때 기를 펴지 못했다. 그는
> 실로 조선의 영웅일 뿐만 아니라 동양 3국을 통틀어 최고의 영
> 웅이었다.

일본 학자가 쓴 《근세일본사》에 나오는 노량해전과 이순신에 대한 글이다.

이순신 자살설

이순신이 자살했다면 놀라는 사람이 적지 않을 것이다. 하지만 그가 전사한 직후부터 자살설이 제기되었다. 이순신의 부하였으며 후에 삼도 수군통제사가 된 유형柳珩에 따르면, 이순신은 평소에 "자고로 대장이 자기의 공로를 인정받으려 한다면 생명을 보전하기 어렵다. 따라서 나는 적이 퇴각하는 날에 죽어 유감될 일을 없애겠다"라는 말을 했다고 한다.
명나라 수군 제독 진린은 이순신을 추모하면서 다음과 같은 글을 남겼다.

> 추억하건대 평시에 사람을 대해 이르되 "나라를 욕되게 한 사람이
> 라 오직 한번 죽는 것만 남았노라" 하시더니 강토를 이미 찾았고
> 큰 원수마저 갚았거늘 무엇 때문에 오히려 평소의 맹세를 실천해
> 야 하시던고.

숙종 때 대제학을 역임한 이민서는 이렇게 장군의 최후를 적었다.

…의병장 김덕령이 옥사하자 제장과 모든 사람들은 스스로 목숨을 보전할 수 없다고 생각했다. 곽재우는 드디어 군직을 떠나 생식을 하며 당화를 피했고, 순신은 싸움이 한창일 때 스스로 갑옷과 투구를 벗고 적탄에 맞아 죽었다.

이 기록대로라면 장군은 스스로 죽음을 향해 걸어갔다. 이른바 장군의 자살설을 뒷받침하는 것이다. 직접적인 자살은 아니지만 자신의 죽음을 적극적으로 피하지 않고 죽을 수 있는 상황에 자신을 내맡겼다는 뜻이다. 갑옷만 제대로 챙겨 입었더라면 장군은 죽지 않을 수 있었다. 굳이 노출된 뱃전에서 스스로 북을 치지 않고도 얼마든지 전투를 지휘할 수 있었을 것이다. 그런데 장군은 갑옷을 벗고 삼도수군통제사의 제복인 붉은 융복을 입고 적탄을 맞았다는 것이다. 무엇이 장군으로 하여금 그런 선택을 하게 했을까?

이순신은 연전연승을 하고서도 전쟁이 소강상태에 빠지자 반역죄의 누명을 쓰고 처형당할 뻔한 쓰라린 경험을 했다. 또 의병장 김덕령은 혁혁한 전공을 세웠는데도 역모에 몰려 옥사했다. 그래서 많은 전공을 쌓은 홍의장군 곽재우도 전쟁이 끝나기도 전에 의병을 해산하고 산으로 들어가버렸다. 그러던 중 장군의 거의 유일한 후원자이던 유성룡도 영의정 자리에서 파직당하고 말았다. 장군은 아마 토사구팽이라는 고사를 떠올렸는지 모른다. 이 전쟁이 끝나면 임금과 조정 대신들은 자신을 어떻게 대할 것인가? 전쟁 영웅으로 떠받들 것인가? 역모의 평계를 대 자신과 함께 삼족과 친지를 멸하지나 않을까?

장군은 심사하고 숙고했을 것이다. 그러고는 전장에서 죽기로 결심했을 수도 있다. 한번 죽어 영원히 사는 길, 장수답게 전장에서 죽는 길을 장군은 택했는지 모른다.

숙종 때 영의정을 지낸 이여도 다음과 같은 글을 남겼다.

세상 사람들이 말하기를, 이순신은 얼마든지 죽음을 면할 수 있었으나 스스로 큰 공이 용납되기 어려움을 알고 드디어 싸움터에 이르러 그 몸을 죽였다고 했다. 장군의 죽음은 미리 결정된 것이다. 그가 처한 상황은 역시 이런 말에 가깝다. 오호, 슬프도다!

앞서 소개한 헐버트는 이순신이 자신의 죽음을 원통해하지 않았다고 서술했다. 헐버트는 "이순신은 노량전투에서 치명적인 부상을 입었는데, 그는 이렇게 된 것을 후회하지 않았다. 이순신은 이미 침략자들이 쫓겨가는 것을 보았고, 조정에 있는 적들이 설령 그가 전쟁에서 살아남는다고 해도 그를 죽음으로 몰아가리라는 것을 확신했기 때문이다"라며 이순신 자살설에 대한 미묘한 여운을 남겼다.

  … 순신이 친히 시석矢石을 무릅쓰고 힘써 싸울 때 비환이 가슴을 뚫고 등 뒤로 나왔다.

유성룡의 《징비록》에 나오는 장군의 최후 모습이다. 장군이 적의 저격수 앞에 일부러 가까이 다가가지 않는 한 조총의 탄환이 가슴을 관통할 수 없었다는 주장이 있다. 살해 사거리가 60~70미터인 조총에 가슴에 관통상을 입기 위해서는 아주 가까운 거리에서 피격되어야 한다는 것이다.

충청남도 아산시 음봉면에 있는 장군의 묘소. 광해군 6년(1614년)에 이곳으로 모셔졌다.

이순신 생태계를 만들자

이순신 자살설의 근거는 무엇인가. 이순신은 모략과 음해가 판치는 세상에서 세 번씩이나 자리에서 쫓겨났고, 두 번씩이나 백의종군하는 신세를 면치 못했다. 그는 국가적 위기에서 온몸을 바쳐 나라를 구했지만 전쟁 중임에도 감옥에 갇혀 처형당할 뻔했다. 이런 세태 때문에 그는 전쟁에서 승리하고 살아남는다 해도 전쟁이 끝나면 또다시 모함받아 죽게 될 것이라 짐작해 적의 조총을 피하지 않아 최후를 맞았다는 것이다.

물론 자살설을 받아들일 수 없다는 견해가 정설이다. 이순신은 평소 생사와 화복을 천명에 맡기고 전투에 최선을 다하는 인생관을 갖고 있었으므로 모함과 죽음이 두려워 미리 자살했다는 것은 그의 인품과 너무도 어울리지 않는다는 것이다.

나 또한 이순신 자살설을 믿지 않는다. 다만 이순신 자살설이 일면 설득력을 갖게 만든 당시의 세태를 지적하고 싶다. 이순신은 각종 비리와 당파 싸움으로 혼탁한 세상에서 매우 힘든 인생을 보냈다. 이순신이 훈련원 봉사라는 말단직으로 인사 관계 업무를 담당할 때 고위직 상관에게서 자기가 잘 아는 사람을 특별 승진시키라는 지시를 받고 다음과 같은 이유로 이를 거절했다.

서열을 건너뛰어 진급시키면 당연히 진급해야 할
사람이 진급하지 못한다. 이러한 불공평한 인사 조치는
법을 위반하는 것이므로 서류를 작성할 수 없다.

이 일이 있은 직후 이순신은 좌천되었으며, 일 년 반 후에는 결국 파면되고 말았다. 이순신이 발포 만호로 있을 때는 직속상관이 거문고를 만들기 위해 관청의 오동나무를 베려 하자 이를 단호하게 저지한 적도 있었다. 또 이순신이 부당하게 강등당해 다시 미관말직의 무관으로 근무하면서 활쏘기 연습에 열중하던 시절에 지금의 국방장관 격인 병조판서가 이순신의 화살을 넣는 전통箭筒을 자기에게 줄 것을 요구하자 다음과 같은 말로 이를 거절했다.

"이 전통을 대감에게 드리는 것은 어렵지 않습니다. 그러나 대감이 이 전통을 받으면 사람들이 대감을 뭐하고 말하겠습니까? 또 제가 이를 드리면 사람들은 저를 뭐라고 말하겠습니까? 별것 아닌 전통 때문에 대감과 제가 수치스러운 말을 듣는다면 몹시 죄송할 따름입니다."

부정부패, 시기와 모함으로 얼룩진 세태 속에서 이순신의 곧은 자세와 행동은 빛을 발하기는커녕 그에게 세 번의 파직과 두 번의 백의종군이라는 고난을 가져다주었다. 당시의 정치·사회 풍토 때문에 백전백승을 거둔 세계적 명장이 마지막 전투에서 승리하고도 자살했을 것이라는, 상상하기도 어려운 이야기가 자연스럽게 퍼진 게 아닐까.

임진왜란 당시 영의정과 도체찰사로 참혹한 전쟁을 몸소 겪은 유성룡은 다시는 똑같은 상황과 실수가 되풀이되어서는 안 된다는 뜻에서 《징비록》을 썼다. 우리는 이 《징비록》의 역사적 가치를 인정하고 국보 제132호로 지정했지만 과거의 잘못을 진정으로 반성하고 실제로 이를 고치려는 노력은 부족했던 것 같다. 어렸을 때부터 이순신을 잘 알고 있던 유성룡은 《징비록》에 다음과 같은 글을 남겼다.

이순신은 뛰어난 재주와 능력을 가지고 있었다. 하지만 운수가 없어 갖고 있던 능력의 100분의 1도 다 쓰지 못하고 죽었다. 참으로 안타깝고 아깝다.

과거에 쓰라린 역사적 경험을 했기에 지금 우리 사회의 풍토가 크게 나아졌다고 할 수 있는가. 불행하게도 그렇지 않은 것 같다. 이순신처럼 청렴한 공직자가 오히려 요령 없는 사람으로 치부되어 '왕따'당하는 일도 많다. 정부뿐 아니라 기업 등 각계각층에서 이런 세태가 만연한다는 사실을 자신 있게 부인할 수 있는 사람은 안타깝지만 드물 것이다.

한 국가에서 가장 중요한 자본은 인간 자본human capital이다. 또 "기업은 사람이다"라는 말도 있다. 이같이 한 기업의 가장 중요한 자산은 인재이므로 회계학에서도 기업의 인적 자원을 자산으로 여기는 인적 자원 회계human resource accounting의 필요성을 강조한다.

우리가 혹독한 국제 경쟁에서 살아남으려면 정부와 기업 등 각계각층에서 이순신같이 훌륭한 사람이 많이 나올 수 있는 풍토, 즉 이순신 생태계가 조성되어야 한다. 이를 위해서는 공정한 경쟁이 이루어질 수 있는 환경을 만드는 일이 급선무다.

서구에서는 흔히 '평평한 경기장level playing field'이라는 말로 '공정한 경쟁 기반'을 빗대어 표현하기도 한다. 만약 평평한 장소가 아닌, 경사져 기울어진 곳에서 축구 경기를 한다면 언덕 위쪽의 골대에 공을 넣어야 하는 팀은 상대적으로 불리한 입장에서 경기를 하게 된다. 이런 불공정한 경기에서는 승자의 진정한 감격도 있을 수 없고, 패자의 승복 역시 있을 수 없다. 따라서 '평평한 경기장'에서 승패를 가르는 것이야말로 가장 기본적인 게임의 법칙이라 할 수 있다.

아직까지 우리는 2002년 6월의 월드컵 4강 신화를 재현하지 못하고 있다. 월드컵 4강 신화의 중심에는 히딩크가 있었다. 그는 한국 축구의 고질병이었던 연고주의를 거부하고, 공정한 기준으로 정직하게 대표 선수를 선발했다. 히딩크는 실력 있는 인재를 찾기 위해 프로나 실업, 대학 경기가 열리는 운동장을 직접 찾아다녔다. 대표 팀 엔트리를 뽑기까지 무려 63명의 선수를 직접 테스트했다. 학연, 지연에서 자유롭지 못한 축구 관계자들의 조언이나 선수들의 화려한 경력 등 외적인 요소에 영향받지 않고 철저히 실력 위주로 선수를 선발하려는 의지의 발로였다. 이러한 히딩크의 노력이 없었다면, 월드컵 4강 신화의 수훈을 세운 대표 선수 중 몇몇은 태극 마크를 달지 못했을 것이다. 학연, 지연과 화려한 경력이라는 가파른 언덕을 거슬러 오르며 대표 팀 선발이라는 골을 뽑아내기란 그리 쉽지 않았을 것이기 때문이다. 각종 연고에 연연했다면 월드컵 4강 신화 역시 없었을 것이다.

많은 이들이 히딩크가 외국인 감독이었기에 한국 감독들이 겪어야 했던 안팎의 연고주의 압력에서 자유로울 수 있었고, 실력 위주의 정직한 선수 선발역시 이 때문에 가능했다고 말한다. 히딩크의 선수 선발 방식에 이런 점이 얼마나 기여했는지는 알 수 없다. 주목해야 할 것은 오히려 '외국인이기에 가능했다'는 분석이 나올 만큼 우리 사회의 곳곳에 '패거리' 문화가 팽배해 있다는 안타까운 현실이다.

우리는 혈연, 지연, 학연, 정파 등에 따른 개인적 이익이나 정에 이끌려 일처리에 공정성을 잃는 예가 많다. 그 결과, 억울하게 피해를 보는 사람들이 많아져 경쟁에 져도 승복하지 않는 경우가 종종 있다. 또 배경 만들기 등 쓸데없는 데 신경 쓰다 보니 경쟁력 자체를 강화하기 위한 노력도 소홀해진다.

사회적 정의를 실현하고 기업과 국가의 경쟁력을 높이기 위해서는 기울어진 경기장을 수평이 되게 바로잡아 공정한 경기가 이루어지도록 노력해야 한다. 이를 위해서는 글로벌 스탠더드global standard에 맞게 법과 제도를 정비해야 함은 물론 근본적으로 개개인의 사고방식과 행동을 바꾸어야 한다.

신상필벌과 공정성

이순신은 부하들을 무척이나 아끼고 사랑했다. 전시에는 부하들의 희생을 줄이기 위해 최선을 다했고, 평상시에는 부하들과 같이 고생하고 즐기면서 항상 한 몸이 되고자 노력했다. 가난한 부하에게 입고 있던 옷까지 벗어줄 정도였다. 또 부하들과 같이 활쏘기 연습도 하고, 글 모르는 부하들에게 글도 가르쳐주었다. 부하들을 위로해주려고 술도 같이 마시고 씨름 대회도 자주 열었다.

이순신은 죽은 부하들까지도 정성을 다해 돌보았다. 이순신은 전사한 부하들의 시체를 거두어 고향에 묻히도록 배려했으며, 제사를 지낼 수 있도록 쌀을 보내주기도 했다. 또 죽은 부하들의 합동 제사를 주관하고 손수 다음과 같은 제문을 쓰기도 했다.

윗사람을 따르고 상관을 섬겨
너희들은 직책을 다했건만
부하를 위로하고 사랑하는 일
나는 그런 덕이 모자랐노라
그대 혼들을 한자리에 부르니
여기에 차린 제물 받으십시오

이와 같이 이순신이 부하들을 아끼고 돌보았기 때문에 그의 휘하에는 부하들이 몰려들었고, 이순신을 마음속 깊이 존경하고 목숨도 아끼지 않고 싸웠다. 유성룡의 《징비록》에 따르면, 이순신은 졸병이라도 군사에 관한 의견을 자유롭게 말할 수 있도록 배려했다고 한다.

이순신이 한산도에 있을 때 운주당이라는 건물을 세웠다. 이순신은 이곳에서 밤낮으로 장수들과 함께 전술을 연구했는데, 아무리 지위가 낮은 병사라고 해도 군대에 관한 일이라면 언제라도 와서 자유롭게 말할 수 있도록 했다. 이에 따라 모든 병사들이 군대에 관련된 일을 잘 알게 되었다. 또 이순신이 전투를 시작하기 전에 장수들과 의논해 계책을 결정했으므로 전투에서 패하는 적이 없었다.

엄격한 신분 사회에서 이순신은 신분의 벽을 허물고 졸병들까지도 자유롭게 의견을 개진할 수 있도록 배려해 다양한 정보와 의견을 청취했다. 또 일개 병졸들까지도 존중하는 모습을 보여줌으로써 사기를 진작시켰다.

이순신은 유능한 인재를 발탁하고 육성하기 위해 많은 노력을 기울였는데, 한산도에 무과 시험장을 설치한 것이 대표적인 예다. 우리 수군의 본부가 한산도에 있었으므로 수군은 적을 막기 위한 해상 활동을 중단하고 멀리 가서 무과 시험을 치를 수 없었다. 이순신은 이러한 문제를 해결하기 위해 임금에게 건의해 한산도에 수군을 위한 무과 시험장을 특별히 설치할 수 있도록 허가를 받았다. 또 당시 무과 규정 중 '말을 달리면서 활 쏘는 시험'은 말이 달릴 만한 땅이 부족한 한산도에서는 부적절했으므로 편전片箭(애깃살)을 쏘는 것으로 대신하게 했다. 또 이순신은 새벽부터 촛불을 밝히고 부하들에게 병법과 전술을 가르쳤고, 함께 활을 쏘면서 몸소 활 쏘는 방법을 현장에서 지도했다.

이순신은 부하를 사랑하고 종들의 공로까지 최대한 포상하려고 노력했지만 부하들의 죄는 용납하지 않았다. 《난중일기》에는 이순신이 잘못을 저지른부하들을 처벌했다는 이야기가 자주 등장한다.

군관과 아전이 전선을 수선하지 않았으므로 곤장을 쳤다. 우후와 군사들 역시 이 지경이 되도록 검사해 정비하지 않았으니 해괴하기 짝이 없다. 다만 자기 한 몸 살찌우기에 힘쓰고 이처럼 돌보지 않았으니 앞날의 일도 알 수 있겠다.

군기를 검열했다. 활, 갑옷, 투구, 전통, 환도 등 파손된 물건이 많았다. 모양조차 갖추지 못한 것이 너무 많아, 아전, 궁장과 감고 등을 처벌했다.

《난중일기》에는 이순신이 도망간 병사 등 부하들의 죄를 처벌한 사례가 96건이나 기록되어 있다. 남의 개를 잡아먹은 부하에게 곤장 80대를 때리는 엄중한 벌을 내렸다는 기록도 있다. 자기의 부하를 처벌한다는 것은 누구에게나 괴로운 일이다. 이순신은 특히 부하들을 아끼고 사랑했으므로 부하들을 처벌할 때마다 무척 괴로워했을 것이다. 그러나 전쟁에 승리하기 위해서는 군율을 칼날같이 세워야 하기 때문에 부하들의 죄를 엄격하게 다룰 수밖에 없었다.

잘하거나 잘못하거나 똑같이 대우한다고 해서 공정한 것이 아니다. 잘하는 사람에게 상을 주고, 잘못한 사람에게 벌을 주는 것이 공정한 것이다. 이래야만 조직 구성원에게 동기부여가 이루어져 조직의 경쟁력을 강화할 수 있다. 따라서 리더는 상과 벌을 확실히 하는 공정한 불평등equal inequality을 실천해야 한다.

삼성그룹을 창업한 고 이병철 회장은 인사 관리에서 가장 중요한 것이 신상필벌이라며, 잘하는 사람에게 상을 주고 잘 못한 사람에게 벌을 주는 신상필벌 제도가 없다면 회사나 국가는 발전할 수 없다는 확고한 경영 철학을 갖고 있었다. 그는 "회사 내의 잘못을 지적하고 문제점을 과감히 제거하고 용서하지 않는 경영자를 흔히 냉혹한 사람이라고 평하지만, 진짜 냉혹한 사람은 잘못을 덮어두고 미온적인 경영으로 회사와 본인의 장래를 망치고 결국 사회를 혼란케 하는 경영자일 것이다"라고 말하면서 자서전에서 다음과 같은 자신의 경험담을 밝혔다.

한 계열사를 경영하던 아주 유망한 사장이 맡고 있던 회사에 사고가 생겼다. 거래선이 그 회사 제품을 가져가려면 물건 값 외에 사례금을 주지 않으면 안 되는 부정까지 일어났다. 이것이 적발되어 더 조사를 시켰더니 공장장 이하 열 댓 명의 직원이 상당한 부정을 저지르고 있었다. 사장에게 부정 내용을 통보하고 처리하도록 지시했더니 그 사장은 관용을 간청했다. 그 사장의 뜻대로 처리하도록 했다. 그런데 일 년쯤 지난 뒤 다시 점검해보았더니 하역 작업을 하는 사람까지 포함해 200여 명의 직원이 관련되어 온 세상에 알려질 정도로 부정은 확대되었다. 일 년 전에 그 잘못을 바로잡지 않고 사장의 작은 온정으로 부정을 인정한 것이 되어버려 더 큰 화를 자초한 것이었다.

이병철 회장은 벌을 제대로 주지 않아 열댓 명의 종업원만 퇴사시키면 될 것을 나중에 200여 명의 직원을 퇴사시키게 된 것에 대해 크게 후회했다. 벌을 제대로 주지 않고 선의로 베푼 작은 온정이 오히려 더 많은 사람을 해고할 수밖에 없는 냉혹한 결과를 가져온 것이다.

지금 우리 사회에는 상을 남발하고, 벌을 제대로 주지 않는 경향이 팽배하다. 심지어 큰 부정부패를 저질러도 적당히 넘어가는 일도 있다. 벌을 제대로 주는 악역을 기피하면서 마치 관대하고 통이 큰 리더인 것처럼 행세하기도 한다. 이러한 리더들이 많을수록 공정한 사회와 거리가 멀어지는 것은 물론, 국가 경쟁력도 강화할 수 없다.

혈연, 지연, 학연, 정파 등에 따른 개인적 이익이나 정에 이끌리면 벌을 제대로 줄 수 없다. 또 부하들이 리더의 부정부패 등 약점을 알고 있다면 리더는 부하들에게 벌을 주기가 어려워진다. 잘못한 사람에게 벌을 주면서도 벌받은 사람까지 수긍하게 할 수 있으려면 리더 자신이 이순신같이 청렴결백하고 공정해야 한다.

공범자가 될 것인가

이순신이 어지러운 세태 속에서도 나라를 위해 큰 공을 세울 수 있었던 것은 유성룡, 조헌, 이원익 등 자신의 불이익을 무릅쓰고 그를 적극 지원한 이들이 있었기 때문이다.

우리는 비록 자신과 가깝지 않고 때로는 불이익이 돌아온다 해도 강직하고 능력 있는 사람을 감싸주고 도와주는 용기를 가져야 한다. 자기 이익에 눈멀어 훌륭한 사람을 모함하는 데 앞장서거나 이런 일에 함께 휩쓸리는 공범자가 되어서는 안 된다.

400여 년 전의 어지러운 세태가 나라를 구한 영웅의 삶에 좌절을 안겼듯이 지금 우리는 또 다른 이순신을 죽이고 있지나 않은지 생각해보아야 한다. 지금 많은 이순신을 살리지 않으면 우리는 또다시 전쟁이나 글로벌 경쟁에서 패할 것이다. 나쁜 역사는 절대로 되풀이되어서는 안 되며, 이는 우리 모두의 손에 달려 있다.

후기 # 끝나지 않은 장군의 길

이순신 장군은 이루 말할 수 없는 악조건하에서도 모든 전쟁을 승리로 이끌었다. 나는 이순신 장군이야말로 오늘날 같은 경제 전쟁 시대에 우리에게 가장 이상적인 벤치마킹의 대상이라는 확신을 지울 수 없었다. 이러한 믿음 때문에 나는 경영학을 공부하면서도 부지런히 장군의 흔적을 좇았다. 그리고 그것을 모아 이 책을 엮었다. 이 책은 심도 있는 연구서가 아니다. 그러나 이 책이 이순신을 더 많은 사람들에게 제대로 알리는 계기가 되기를 바란다.

장군의 유적지를 답사하면서 장군이 지키려고 했던 나라 땅에 대한 새로운 느낌을 가질 수 있을 것이다. 경영자, 공무원, 정치인, 군인, 학생 등 각계각층의 사람들이 장군의 길을 따르기를 바란다. 각자의 자리에서 21세기를 풀어가는 코드를 장군의 길에서 찾을 수 있으리라고 확신한다.

중학교 역사 시간에 선생님에게 장군이 자살했다는 설도 있다는 이야기를 듣고 충격을 받은 후 나는 장군에 대한 자료를 찾아다녔으며, 그런 가운데 많은 것을 배우고 느낄 수 있었다. 이를 처음으로 정리한 작업은 끝이 났다. 그러나 언제나 그렇듯이 끝은 새로운 시작을 의미한다. 장군이 남긴 덕목을 어떻게 널리 세상에 알리고 실천할 수 있을 것인가가 새로운 과제로 다가온다.

지금 세계는 모든 분야에서 국제 경쟁이 치열해져 기업뿐만 아니라 농민들까지도 혹독한 경쟁에 노출되어 있다. 그러나 아무리 어렵더라도 용기를 잃어서는 안 된다. 아무리 험난한 시대라 해도 이순신 장군의 정신과 자세를 배우고, 그가 보여준 리더십과 창의성, 탁월한 전략으로 단단히 무장한다면 반드시 승리할 수 있을 것이다. 이순신 장군을 바로 알고 벤치마킹하는 사람은 자기 자신의 경쟁력을 강화할 수 있음은 물론 기업과 국가의 국제경쟁력을 높이는 데에도 크게 기여할 수 있다. 나는 이 점을 널리 알리는 일에 최선의 노력을 아끼지 않을 것이다.

마지막으로 장군에 대해 깊이 연구하고 공부해오신 역사학계와 해군의 많은 선생님들께도 존경의 말씀을 드리지 않을 수 없다. 허락 없이 함부로 글을 인용한 점에 대해서는 양해의 말씀을 구하고 싶다. 부디 넓은 아량으로 이해 해 주시기를 바랄 뿐이다. 장군이 남기신 뜻을 이어받아야 한다는 데 공감하는 분들이라 양해하리라는 믿음이 있었던 것도 고백한다.

책을 다 쓰고 나니 모자란 점이 눈에 띈다. 많은 분들의 질책을 기다리 겠다.

부록

이 충무공 유적지·기념물 분포도

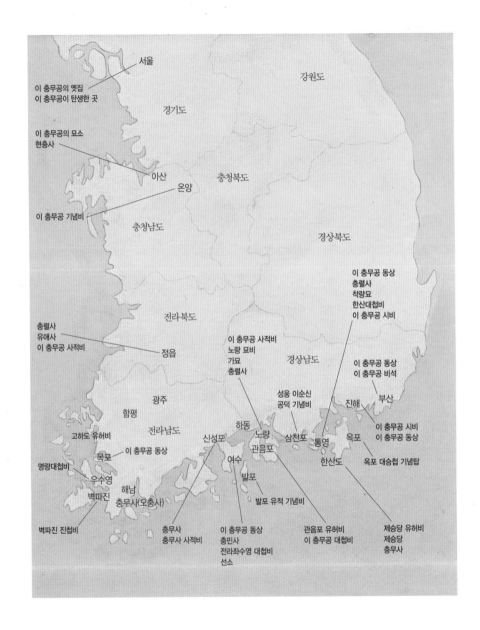

서울
이 충무공의 옛집
이 충무공이 탄생한 곳

강원도
경기도

이 충무공의 묘소
현충사
아산
온양
충청북도

이 충무공 기념비
충청남도

경상북도

이 충무공 동상
충렬사
착량묘
한산대첩비
이 충무공 시비

충렬사
유애사
이 충무공 사적비
전라북도

이 충무공 사적비
노량 묘비
가묘
충렬사

정읍
경상남도

이 충무공 동상
이 충무공 비석

성웅 이순신
공덕 기념비
진해
부산

광주
하동
삼천포
통영
옥포
이 충무공 시비
이 충무공 동상

함평

전라남도
신성포
노량
관음포

고하도 유허비

이 충무공 동상
여수
한산도
옥포 대승첩 기념탑

명량대첩비
목포

우수영
발포

해남
벽파진
충무사(오충사)

발포 유적 기념비

벽파진 진첩비
충무사
충무사 사적비
이 충무공 동상
충민사
전라좌수영 대첩비
선소
관음포 유허비
이 충무공 대첩비
제승당 유허비
제승당
충무사

210

이 충무공 유적지·기념물 답사 안내

이순신 장군만큼 우리나라 전역에 걸쳐 유물·유적이 산재한 인물도 드물다. 대개 큰 업적을 남기거나 위대한 인물로 평가받는 사람들은 그의 고향이나 주요 활동지 외에서는 유물·유적을 찾아보기 어려우나 이순신 장군의 경우에는 거의 전국에 걸쳐 유물·유적이 분포되어 있다. 서울에서 태어나 충청도에서 성장해 전라도와 경상도 일대 바다에서 활약하다가 육지를 동서로 가로지르며 백의종군을 했기 때문이다. 그중 가장 대표적인 현충사에는 연인원 100만 명이 넘는 관람객의 발길이 해마다 끊이지 않는다고 하니 새삼 놀라울 따름이다. 특히 여기서 소개하는 답사지는 그동안 이순신 장군의 유물·유적지로 잘 알려지지 않았던 백의종군 노정을 중심으로 한다. 전쟁에서 승리한 장수가 상을 받기는커녕 억울한 누명으로 옥살이를 하다가 풀려났지만 무능한 임금을 원망하거나 자신의 처지에 좌절하지 않고, 혈혈단신 육지를 돌며 민심을 살피고 수군을 재건해나간 노정이 인간 이순신의 진면목을 가장 극명하게 드러낸다고 할 수 있다. 더구나 경상남도와 전라남도 일대를 관통하는 이 충무공 백의종군 답사지는 한 곳 한 곳 모두 천하절경의 풍광을 자랑하는 관광 명소이기도 하다.

답사 코스

현충사 ⇒	초계면(경상남도 합천군) ⇒	삼가면(경상남도 합천군) ⇒	단성면(경상남도 산청군) ⇒
본전, 셋째 아들 이면공 묘소, 옛집 유물전시관	면사무소 앞 백의종군 출발지, 권율 도원수부 자리	남명 조식 생가 뇌룡정	백의종군 행로, 경호강변

수곡면(경상남도 진주시) ⇒	진주(경상남도 진주시) ⇒	통영(경상남도 통영시) ⇒
이 충무공 군사훈련 유적비 삼도수군통제사 재수임 사적지	국립진주박물관 진주성	세병관, 충렬사, 명조팔사품 거제 견내량, 통제영지

한산도(경상남도 통영시) ⇒	사천(경상남도 사천시) ⇒	하동(경상남도 하동군) ⇒	구례(전라남도 구례군) ⇒
제승당, 거북 등대 한산대첩탑	거북선 첫 출전지	백의종군 행로	석주관 칠의사 묘

남해도(경상남도 남해군) ⇒	곡성(전라남도 곡성군) ⇒	순천(전라남도 순천시) ⇒	여수(전라남도 여수시) ⇒
남해대교 노량 거북선, 충렬사 이락사, 관음포	압록 기차역 백의종군 행로	순천왜성 낙안읍성	진남관, 선소, 충민사 좌수영 대첩비, 오동도 자산공원

회진(전라남도 장흥군 회진면) ⇒	해남(전라남도 해남군) ⇒	진도(전라남도 진도군) ⇒
백의종군 도착지	우수영 국민 관광지, 울돌목, 명량대첩 기념관	운림산방, 진도대교 이 충무공 전첩비

현충사

이 충무공 묘소

일정별 세부 답사지

백의종군 유적지 도보 답사

계면에서 회진까지 약 480km(15일 예정)

2박 3일 답사

현충사 ⇒ 수곡면 ⇒ 진주 ⇒ 통영 ⇒ 한산도 ⇒ 남해도 ⇒ 여수 ⇒ 회진 ⇒ 진도 ⇒ 해남(통영, 여수에서 1박)

3박 4일 답사

현충사 ⇒ 계면 ⇒ 삼가면 ⇒ 단성면 ⇒ 진주 ⇒ 수곡면 ⇒ 한산도 ⇒ 통영 ⇒ 하동 ⇒ 남해도 ⇒ 구례 ⇒ 순천 ⇒ 여수 ⇒ 회진 ⇒ 해남 ⇒ 진도(진주, 통영, 여수에서 1박)

4박 5일 답사

현충사 ⇒ 계면 ⇒ 합천 ⇒ 삼가면 ⇒ 단성면 ⇒ 수곡면 ⇒ 진주 ⇒ 통영 ⇒ 한산도 ⇒ 사천 ⇒ 하동 ⇒ 남해도 ⇒ 구례 ⇒ 곡성 ⇒ 순천 ⇒ 여수 ⇒ 보성 ⇒ 회진 ⇒ 해남 ⇒ 진도 ⇒ 현충사(합천, 진주, 남해도, 여수에서 1박)

여행 정보

현충사

충청남도 아산시 영치읍 백암리에 위치한 충무공 이순신 장군의 사당. 사적 제155호. 1706년(숙종 32년) 지방 유생들이 조정에 건의해 세웠으며, 이듬해 사액賜額 '顯忠祠'를 받았다. 1868년(고종 5년) 대원군의 서원 철폐 령으로 일시 철폐되었고, 국권이 피탈된 이후에는 일제의 탄압으로 20여 년간 향불이 꺼졌다. 1932년 동아일보사가 주최해 전 국민의 성금을 모아 현충사를 보수하고 다시 영정을 모셨고, 1962년에는 유물전시관이 건립되었다. 1966년에는 현충사의 경역을 확대, 성역화했는데, 1967년에 준공해 경내에 등이 마련되었다. 1969년에는 현충사 관리사무소를 설치하고 관리와 제전에 관한 사항을 관장하도록 했다. 유물전시관에는 거북선 모형과 《난중일기》, 서간첩과 《임진장초》, 장검, 무과 급제 교지, 사부유서, 증시교지, 옥로, 도배, 요대 등과 각종 무기가 보존되어 있다.

진주성

경상남도 진주시 남성동에서부터 본성동까지 이어진 성으로 임진왜란 때 진주목사 김시민이 왜군을 대파해 임진왜란 3대첩 중 하나인 진주성대첩을 치른 곳이며, 왜군과 2차 전쟁을 벌인 1593년 6월, 7만여 명의 민·관군이 최후까지 항쟁하다 장렬하게 순절한 역사의 현장이다. 이때 논개는 적장을 껴안고 홀로 남강에 투신해 충절을 다했다. 사적 제118호로 김시민 장군 전공비, 의암 사적비 등이 전시되어 있다.

국립진주박물관

진주성에 있는 임진왜란 전문 역사박물관으로 임진왜란 상설 전시관을 운영하고 있으며, 보물 제885호인 현자총통 등 3500여 점의 유물이 소장되어 있다.

세병관

경상남도 통영시 문화동에 있는 세병관은 국보 제305호로 이경준 제6대 통제사가 통제영을 이 고장 두룡포에 옮겨 온 이듬해인 1605년(선조 38년) 7월 14일에 준공한 통제영의 객사다. 세병관은 정면 9칸, 측면 5칸의 단층 팔작지붕으로 된 웅장한 건물로 모든 칸에는 창호나 벽체를 만들지 않고 통通칸으로 개방했다. 우물마루로 된 평면 바닥의 중앙 일부를 한 단 올려놓았는데 여기에 전패를 모셨던 것으로 보인다.

통영 충렬사

충렬사는 임진왜란이 끝난 8년 후인 1606년(선조 39년) 제7대 통제사 이운룡이 왕명을 받들어 충무공 이순신 장군의 위훈을 기리고 추모하기 위해 세운 사당이다. 지금 정침과 외삼문에 걸려 있는 '忠烈祠' 현판은 현종 임금의 사액 현판으로 문정공 송준길의 글씨라고 한다. 1670년(현종 11년)에 제51대 통제사 김경이 동재와 서재를 지었고, 1681년(숙종 7년) 제60대 통제사 민섬이 충렬묘비를 세웠다. 그후 1695년(숙종 21년) 최숙 제70대 통제사가 경충재를, 같은 해 김중기 제71대 통제사는 숭무당을 지었다. 1795년(정조 19년)에는 《충무공전서》를 발간하고 어제 제문을 하사했으며, 1840년(헌종 6년)에는 이 충무공의 8대손이자 제172대 통제사 이승권이 강한루 영모문을 세웠다. 1868년(고종 5년) 대원군이 전국에 서원 철폐령을 내렸을 때도 충렬사만은 제외했다. 1915년경 비바람에 쓰러진 강한루 영모문은 1987년에 복원해 현재 충렬사는 정침을 비롯해 내삼문, 동재, 서재, 중문, 숭무당, 경충재, 외삼문, 비각 6동, 강한루, 고직사, 전시관, 관리사무실, 서고, 화장실, 정문, 홍살문 등 건물 17동과 5개의 문으로 이루어졌으며, 경역은 2723평에 이른다.

남해 이락사

남해대교를 지나 19번 도로를 따라 4킬로미터 정도 가면 길 오른쪽에 이락사가 보인다. 이곳은 이순신 장군의 유해가 맨 먼저 육지에 안치된 곳이다. 그 후 충무공의 유해는 충렬사를 거쳐 1599년 지금의 충남 아산에 모셔졌고, 관음포는 잊히는 듯했다. 그러다가 충무공이 순국한 지 234년이 지난 1832년, 이순신의 8대손인 통제사 이항권이 충무공의 진충보국의 뜻을 기리는 유허비를 세웠다. 이락사 못 미쳐 밀양 박씨 선산 아래에는 충무공이 탔다는 말 무덤이 있다. 주인이 전사한 관음포를 내려다보며 누워 있는 말 무덤은 묘둥에 돌이 박힌 상태로 있다. 향토사학자들은 방월마을 주민들의 구전과 인근 덕신마을이 역원이었던 것으로 미루어 이순신 장군이 탔던 말의 무덤이라고 주장한다. 이순신 장군이 떨어진 곳이라는 뜻의 '이락사'는 명칭을 두고 논란이 많다. 의미가 좋지 않으니 관음사로 고쳐 쓰자는 주장도 있지만 수백 년이 흘렀고, 국가에서 정한 명칭이니 그대로 쓰자는 주장도 만만치 않다. 절개를 상징하는 곧은 대와 사철 푸른 육송이 비장감을 들게 하는 사당 오른쪽으로 난 솔밭길은 바람이 불어오고 산새들이 지저귀는 소리가 들려 역사 산책로로는 그만이다. 산책로의 끝은 이순신 장군이 전투를 벌이던 바다. 관음포가 한눈에 들어오는 첨망대에 앉아 잠시 쉬는 것도 좋다. 첨망대 아래로 내려가면 임진왜란 최대의 격전이었던 노량해전의 현장을 생생하게 바라볼 수 있다. 바다 건너 하동화력발전소 굴뚝은 뭉게구름 같은 연기를 내뿜고, 맨살을 드러낸 갯벌에서는 김 양식장 뒤로 바지락을 잡는 아낙들의 모습도 종종 볼 수 있다.

한산도 제승당

통영시 한산면 두억리 875번지. 1593년 8월 충무공 이순신 장군이 삼도수군통제사를 제수받아 한산도에 통제영 본영을 설치했을 때 지금의 제승당 자리에 막료 장수들과 작전 회의를 하는 운주당運籌堂을 세웠다. 정유재란 때 폐허가 된 이곳에 제107대 통제사 조경이 1740년 유허비를 세우면서 운주당 옛터에 다시 집을 짓고 '제승당'이라 이름 지었는데, 현재 걸려 있는 '制勝堂' 현판은 제107대 통제사 조경이 쓴 것이다. 1976년 지금의 제승당과 충무사, 한산정, 수루 등을 새로 짓고 경내를 정화해 오늘에 이르고 있다.

남해 충렬사

충렬사는 노량해전의 치열했던 전투가 떠오르고, 노량 앞바다의 푸른 물결이 환히 내려다보이는 노량마을 해안 언덕빼기 울창한 숲 속에 자리 잡은 충무공 이순신 장군의 거룩한 뜻을 기리기 위해 세운 사당이다. 이 충무공은 관음포 노량해전에서 순국하고 아산으로 운구하기 전에 3개월간 이곳에 안치했다. 충무공의 순국을 슬퍼하던 남해 사람 김여빈과 고승후가 이 충무공이 순국한 지 35년이 지난 1633년에 초가집 한 칸을 사당으로 건립하고 위패를 모시고 제사를 지내게 되자 남해현령 이정건이 사당 앞에 충민공비를 세웠다. 이순신 장군이 순국한 지 45년 후인 1643년에 이순신 장군에게 충무공이라는 시호가 내려졌다. 1658년 어사 민정중이 통제사 정익에게 사당을 신축하도록 해서 모습을 갖추었다. 현재 사당 앞에 있는 '유명조선국삼도통제사 증시충무이공 묘비'는 1660년에 숭록대부 의정부 우찬성 송시열이 글을 짓고 정헌대부 의정부 좌참찬 송준길이 쓴 것이다. 현종 때에는 임금이 직접 쓴 충렬사 현판을 하사했다. 이렇게 조정에서는 이곳 남해 충렬사를 역사적으로 중요한 곳으로 인정했고, 세월이 흘러 순국 195년이 지난 후인 1793년에 이곳에 충무공비를 세우고 충민공비를 땅속에 묻었다. 충무공은 이해에 의정부 영의정으로 추증되었다. 남해 충렬사는 그 뒤에도 계속 성역화 사업이 추진되었으나 고종 8년인 1871년에 향사, 서원 철폐령에 따라 사당이 헐렸다. 그러나 1922년에 윤기섭과 고준홍이 사재를 들여 사우 세 칸을 새로 지어 제사를 지내게 되어 오늘에 이르고 있다.

충무사 순천왜성

정유재란(1597년) 당시 육전에서 패퇴한 왜군 선봉장 우키다 히데이에宇喜多秀와 도오 다가도라堂高虎가 호남을 공략하기 위한 전진기지 겸 최후 방어기지로 삼기 위해 3개월간 쌓은 토석성으로 왜장 고니시 유키나가가 이끈 1만 4000여 명의 왜병이 주둔해 조명 연합군과 두 차례에 걸쳐 격전을 벌였던 곳이다. 임진왜란 당시 남해안에 있었던 26개의 왜성 중 유일하게 현재까지 남아 있는 성이다. 순천왜성은 수륙 요충지로서 성곽 규모가 3만 6480평, 외성 2502미터, 내성 1342미터로 외곽성(토석성) 3개, 본성(석성) 3첩, 성문 12개로 축조된 성곽으로 검단산성의 육지부를 파서 바닷물이 차도록 섬처럼 만들고 연결 다리가 물에 뜨게 해 예교, 왜교성이라 하며 일인들은 순천성이라 불렀다. 임진왜란의 패인이 전라도 의병과 수군의 용전에 있었다고 보고 전라도를 철저히 공략하기 위해 도요토미 히데요시의 야심에 따라 전라도 각처에 진지를 구축해 공세를 강화했으나 무술년(1598년) 8월 그가 급사한 후 왜성에 주둔해 있던 침략 최정예 부대인 고니시 유키나가의 왜군과 조명 수륙 연합군 사이에 2개월에 걸친 최후의 격전을 펼친 곳이다. 순천 시가지에서 여수 쪽으로 6킬로미터쯤 가다가 왼쪽으로 6킬로미터 가면 200여 호가 사는 신성리와 이 충무공을 배향한 충무사가 있다.

낙안읍성

삼한 시대 마한 땅, 백제 때 파지성, 고려 때 낙안군 고을 터며, 조선 시대 성과 동헌東軒, 객사客舍, 임경업 군수비, 장터, 초가가 원형대로 보존되어 성과 마을이 함께 국내 최초로 사적 제302호에 지정되었다. 1397년 (태조 6년)에 왜구가 침입하자 이 고장 출신 양혜공·김빈길 장군이 의병을 일으켜 토성을 쌓아 방어에 나섰고, 300여 년 후 1626년(인조 4년) 충민공 임경업 장군이 33세 때 낙안군수로 부임해 현재의 석성으로 중수했다. 다른 지역 성과는 달리 넓은 평야에 1~2미터 크기의 정방형의 자연석을 이용해 높이 4미터, 너비 3, 4미터, 성곽 총 길이 1410미터로 동내, 남내, 서내 등 4만 1000평에 달하는 세 개 마을 생활 근거지를 감싸 안은 듯 네모형으로 견고하게 축조되어 400년이 가까운 지금도 끊긴 데가 없고 웅장하기 이를 데 없다. 지금도 성안에는 108세대가 실제 생활하고 있는 살아 숨 쉬는 민속 고유의 전통 마을로, 민속 학술 자료는 물론 역사의 산 교육장으로 가치를 인정받고 있다. 동문을 비롯 서·남문을 통해 성안에 들어서면 사극 촬영장이 아닌가 하는 착각에 빠져든다. 용인, 제주 민속마을 같은 전시용이나 안동 하회마을 같은 양반마을도 아닌 그저 대다수의 우리 서민이 살았던 옛 모습 그대로이기 때문이다. 순천 시가지에서 22킬로미터 거리의 읍성민속마을은 6만 8000여 평으로 조상들의 체취가 물씬 풍겨 친근한 정감이 넘친다. 남부 지방의 독특한 주거 양식인 툇마루와 부엌, 토방, 지붕, 섬돌 위의 장독과 이웃과 이웃을 잇는 돌담은 모나지도 높지도 않고 담장이와 호박 덩굴이 어우러져 술래잡기하며 뛰놀던 어린 시절 고향을 연상케 한다.

여수 선소

국가사적 제392호로 지정된 선소는 이순신 장군이 뛰어난 조선 기술造船技術을 보유한 나대용 장군과 함께 거북선을 만든 곳으로 알려져 있는데, 거북선은 여수 지역에 있던 본영 선소, 순천부 선소와 방답진 선소 세 곳에서 건조된 것으로 추정하고 있다.

진남관

여수시 군자동 472번지에 위치한 진남관은 임진왜란이 끝난 다음 해인 1599년, 충무공 이순신 후임 통제사 겸 전라좌수사 이시언이 정유재란 때 불타버린 것을 진해루 터에 세운 75칸의 대규모 객사다. 객사는 성의 가장 중요한 위치에 관아와 나란히 세우는 중심 건물로, 중앙 정청 내부 북쪽 벽 앞에는 임금을 상징하는 전패를 모신 함을 두고, 관아의 수령이 초하루와 보름마다, 또는 나라에 국상과 같은 큰일이 생겼을 때 이 전패에 절하는 '향궐망배' 의식을 거행함으로써 지방 관리들이 임금을 가까이 모시듯 선정을 베풀 것을 다짐하던 곳이다. 남쪽의 왜구를 진압해 나라를 평안하게 한다는 의미에서 진남관鎭南館이라고 이름 지은 이 건물은 1664년 절도사 이도빈이, 1716년 화재로 소실된 것을 1718년 이제면 수사가 다시 지었고, 이후 크고 작은 수리를 거쳤으나, 1718년 중창되어 오늘날 건물의 뼈대가 되었다. 조선 후기 전라좌수영 내에는 600여 칸으로 구성된 78동의 건물이 있었다는 기록이 있지만 유일하게 남아 있는 진남관은 정면 15칸(54.5미터), 측면 5칸(14미터), 면적 240평의 대형 건물로 합천 해인사에서 팔만대장경을 보관하는 건물과 몇 안 되는 우리나라 대표적 목조건축물이다. 1911년(순종 5년) 여수공립보통학교를 시작으로 일제강점기에는 여수중학교와 야간 상업중학교로 사용되다가 해방 후 여러 차례 보수를 거쳐 오늘에 이르고 있으며, 1953년 진남관 보수 공사 도중 1718년 이제면 수사가 쓴 현판이 발견되었다. 1959년 5월 30일 보물 제324호로 지정되었다가 2001년 4월 17일 그 중요성과 가치가 인정되어 국보 제304호로 지정되었다.

이 충무공 묘소

충남 아산시 음봉면 삼거리 어라산에 위치한 이 충무공의 묘소는 사적 제112호로 지정되어 있다. 공의 유해는 임시로 최후 진지였던 고금도로 안치되었다가 이듬해 그곳에서 발상해 아산의 금성산에 모셔졌고, 그 후 1614년 광해군 현 위치로 옮겨 부인 상주 방씨와 합장되었다고 한다. 묘소는 전형적인 조선 시대 고관묘로 묘 1기, 상석 1기, 장명등 1쌍, 석상 1쌍으로 이루어졌다. 공의 묘소 우측에는 정조대왕의 어제신도비가 있고, 묘소 진입로에는 이 충무공 신도비가 있다. 이 충무공 신도비의 비명은 영상 김육이 지었고 1693년(숙종 19년)에 세워졌다.

이 충무공 연보

1세(1545년, 인종 원년)	3월 8일(양력 4월 28일) 서울 건천동에서 덕수 이씨의 셋째 아들로 태어나다.
21세(1565년, 명종 20년)	보성 군수 방진의 딸과 결혼하다.
23세(1567년, 명종 22년)	2월, 장남 회가 태어나다.
27세(1571년, 선조 4년)	2월, 둘째 아들 예가 태어나다.
28세(1572년, 선조 5년)	8월, 훈련원 별과 시험에 응시 중, 말 위에서 떨어져 다리를 다치다.
32세(1576년, 선조 9년)	2월, 무과에 합격하다. 12월, 함경도 동구비보의 권관(종9품)이 되다.
33세(1577년, 선조 10년)	셋째 아들 면이 태어나다.
35세(1579년, 선조 12년)	2월, 훈련원 봉사(종8품)가 되다. 10월, 충청 병사의 군관이 되다.
36세(1580년, 선조 13년)	6월, 발포의 수군 만호가 되다.
38세(1582년, 선조 15년)	1월, 발포 만호에서 파직되다. 5월, 복직되어 훈련원 봉사가 되다.
39세(1583년, 선조 16년)	7월, 함경도 남병사의 군관이 되다. 10월, 건원보乾原堡의 권관이 되다. 11월, 훈련원 참군參軍으로 승진하다.
42세(1586년, 선조 19년)	1월, 사복시의 주부(종6품)가 되다. 16일 후, 다시 함경도 조산보 만호造山堡 萬戶로 전근되다.
43세(1587년, 선조 20년)	8월, 녹둔도鹿屯島의 둔전관을 겸하다. 여진족의 기습을 물리쳤으나 병사 이일의 무고로 파직되어 백의종군하다.

44세(1588년, 선조 21년)	집으로 돌아오다.
45세(1589년, 선조 22년)	2월, 전라 감사의 군관이 되다. 12월, 정읍현감이 되다.
46세(1590년, 선조 23년)	7월, 고사리진 병마첨절제사로 발령되다.
47세(1591년, 선조 24년)	2월, 전라 좌수사로 임명되다.
48세(1592년, 선조 25년)	4월, 임진왜란이 일어나다. 5월, 옥포·합포·적진포해전에서 승리하다. 6월, 사천·당포·당항포·율포해전에서 승리하다. 왼쪽 어깨에 적의 총탄을 맞았으나 치유되다. 7월, 한산도 앞바다 해전에서 대승을 거두다. 9월, 부산해전에서 승리하다.
49세(1593년, 선조 26년)	8월, 삼도수군통제사로 임명되다.
50세(1594년, 선조 27년)	10월, 장문포의 왜군을 수륙으로 협공하다.
53세(1597년, 선조 30년)	3월, 원균의 모함과 당쟁의 희생이 되어 한성으로 끌려가 감옥에 갇히다. 4월, 도원수 권율 밑에서 백의종군하다. 8월, 삼도수군통제사로 재임명되다. 9월, 명량해전에서 대승을 거두다.
54세(1598년, 선조 31년)	2월, 수군 진영을 고금도로 옮기다. 11월 19일(양력 12월 16일)마지막 싸움인 노량해전에서 적의 총탄을 맞고 숨지다.

경제전쟁시대 이순신을 만나다

1판 1쇄 발행	2003년 11월 30일
2판 5쇄 발행	2023년 5월 22일

지은이	지용희
펴낸이	이영혜
펴낸곳	㈜디자인하우스

편집장	김선영
영업	문상식, 소은주
제작	정현석, 민나영
미디어사업부문장	김은령

출판등록	1977년 8월 19일 제2-208호
주소	서울시 중구 동호로 272
대표전화	02-2275-6151
영업부직통	02-2263-6900
홈페이지	designhouse.co.kr

ⓒ 지용희, 2003
ISBN 978-89-7041-656-4 03900